Pestalozzi et la musique

James Lyon

Pestalozzi et la musique

(1746 –

Publibook

Retrouvez notre catalogue sur le site des Éditions Publibook :

http://www.publibook.com

Éditions Publibook
14, rue des Volontaires
75015 PARIS – France
Tél. : +33 (0)1 53 69 65 55

IDDN.FR.010.0119778.000.R.P.2014.030.31500

Cet ouvrage a fait l'objet d'une première publication aux Éditions Publibook en 2014

Sommaire

Préface

Pestalozzi n'a pas, avec la musique, un rapport aussi fort que son grand inspirateur Jean-Jacques Rousseau, qui a fait œuvre tant théorique, par ses articles dans l'*Encyclopédie* et son nouveau système de notation, que pratique, par ses compositions dont il aurait espéré qu'elles le rendraient célèbre. Le maître d'Yverdon n'était pas du tout sur ce registre. Certes, il baignait dans un univers culturel qui faisait une grande place à la musique. Elle était présente à travers les cantiques accompagnant les offices au temple, dans les cantates que l'on composait pour les grandes circonstances (y compris en l'honneur de... Pestalozzi), aussi dans les chants qui accompagnaient les marches d'entraînement militaire pratiquées dans l'institut. Les élèves musiciens donnaient volontiers de petits concerts, et l'on chantait en chœur à toute occasion. Rien d'original à vrai dire dans un monde né de la Réforme, où, sous l'impulsion de Luther, la musique était devenue l'expression la plus naturelle du sentiment religieux.

Et cependant le nom de Pestalozzi est resté associé à un puissant mouvement de promotion pédagogique de la musique et du chant : il donne l'occasion à James Lyon de nous offrir un ouvrage très solidement documenté, qui parcourt les sources, l'application méthodique et l'héritage du pédagogue d'Yverdon en matière de pédagogie musicale. De sa main nous possédons, en tout et pour tout, un « Écrit à ses amis sur la publication d'une méthode de formation au chant » publié dans la *Wochenschrift für Menschenbildung* de 1808, II, pp. 218-221 (reproduit dans l'Édition Critique, vol. 21, pp. 230-235). Il s'agit d'une préface à un ouvrage qui, lui-même préparé par plusieurs travaux, paraît en 1810 à Zurich sous le titre « Méthode de formation au chant, fondée pédagogiquement selon les principes pestalozziens par Michael Traugott Pfeiffer, élaboré méthodiquement par Hans Georg Nägeli ».

L'ouvrage connut un grand succès dans l'Europe germanique, et le livre de chants *Teutonia*, que Pestalozzi cite, fut à la base de l'ouvrage publié en 1811 à l'institut sous le titre : « Chants rassemblés pour l'usage et selon les besoins de l'institut d'Yverdon ».

Ce travail des deux maîtres, Pfeiffer et Nägeli – l'un pédagogue, l'autre musicien – que Pestalozzi sut attirer à Yverdon, s'inscrit dans le vaste effort de la Méthode pour développer les capacités de l'enfant dans toutes les dimensions, y compris celle du cœur et de la sensibilité, qui paraissait essentielle à Pestalozzi. Comme l'écrit James Lyon, parlant de la musique : « Il n'est sans doute nulle aptitude ni nul savoir humain qui agisse aussi vivement ni aussi profondément sur les sens et sur l'esprit de l'enfant et qui l'occupe de manière aussi complète : c'est l'ensemble de son psychisme *[Gemüt]* qui est par la musique, à mesure que son corps grandit, constamment nourri et fortifié ». Il s'agissait encore, pour Pestalozzi, de simplifier et d'ordonner l'entrée dans la musique et dans le chant de façon à ce que l'une et l'autre deviennent accessibles à chaque enfant, indépendamment de ses prédéterminations culturelles et sociales. Il importait enfin que cette maîtrise de la voix et de ses modulations fussent un puissant instrument d'élévation morale de la personne : le cri de l'animal, qui se prolonge dans la violence de la parole, trouve dans la mélodie chantée une forme d'apaisement qui porte l'homme vers les hauteurs de lui-même.

Tel est, dans ses grands principes, l'esprit de la Méthode. Quant à l'élaboration didactique de l'enseignement musical, nous en avons l'information par Marc-Antoine Jullien, qui fut témoin de la pratique à Yverdon : James Lyon donne de larges extraits de sa relation dans le second chapitre de l'ouvrage. Il y avait effectivement, à Yverdon, une organisation planifiée de l'enseignement du chant. Nous laissons à l'auteur, expert en histoire et en didactique de la musique, la liberté de l'appréciation. Ce qui est sûr, c'est qu'à partir de l'expérience d'Yverdon, l'enseignement de la musique et du chant a pris un essor inégalé.

On peut se demander si cette méthode est encore de saison. Elle a certes évolué dans ses dimensions techniques et didactiques : Pestalozzi reconnaissait cette inéluctable évolution. Mais il voulait la distinguer de *l'esprit* de la Méthode qui lui semblait devoir résister au temps : permettre à la nature vocale et musicale de l'homme de se développer en liberté, par une sollicitation permanente des capacités qui l'animent, puis permettre au son émis de se donner forme dans la mélodie, et élargir toujours plus les variations sonores jusqu'à donner naissance à un univers : le *Devin du village* ou, si l'on n'est pas convaincu par cet opéra pastoral, la *Flûte enchantée*...

Michel Soëtard
Professeur émérite à l'Université Catholique de l'Ouest

Avant-propos

*L'homme ne doit pas seulement savoir ce qui est vrai,
il doit aussi pouvoir et vouloir ce qui est juste*

Johann Heinrich Pestalozzi – *Mémoire à mes amis parisiens sur
l'essence et le but de la Méthode* (Décembre 1802).

Johann Heinrich Pestalozzi est incontestablement une grande figure et de la culture et de la civilisation. Sa pensée pédagogique concerne toutes les disciplines au sein desquelles la musique tient une place spécifique. Cet ouvrage a pour objectif de réfléchir à une telle valorisation tout en la situant à travers la dimension psychologique de cet homme, de ses collaborateurs musiciens, sans négliger ni l'histoire en général ni celle de la musique suisse en particulier. Pour autant, eu égard à l'immensité du sujet, il ne s'agit pas de viser à l'exhaustivité mais de cerner les grandes lignes et les objectifs essentiels qui ont présidé à une riche réflexion sur l'éducation de l'homme par la musique.

À ses côtés, le compositeur et théoricien zurichois Hans Georg Nägeli (1773-1836)*[1] a tenté de conceptualiser ce que Pestalozzi ressentait avec sa profonde intuition. Quoi qu'il en soit, pour ces deux hommes, la musique était fondamentalement une expression éthique, ou de conscience[2]

---

[1] Les étoiles (*) accompagnant certains noms propres renvoient au « Dictionnaire biographique » en fin de volume.
[2] Conscience éthique – « Il est capital de distinguer clairement la conscience éthique et le conscient : l'intellect utilitaire » [Paul DIEL (1973). *La peur et l'angoisse*, p. 146].

ainsi que le comprendra, au XXe siècle, l'un de leurs héritiers, Ernest Ansermet (1883-1969)*. En un certain sens, Nägeli peut être considéré comme un véritable successeur spirituel de Huldrych Zwingli*, l'homme de l'humanisme biblique, dont le culte « correspond au démocratisme profond et inné » de la Suisse[3]. Paradoxalement, la position du Réformateur zurichois, si différente de celle que valorisera Nägeli, mérite d'être malgré tout mise en perspective tant elle est riche de questionnements essentiels.

Toutefois, la musique en tant qu'*ēthos* (ἦθος) a, depuis les Grecs, été associée à l'éducation (παιδεία). Les grands prédécesseurs de Pestalozzi et de Nägeli, en la matière, ont notamment été les humbles représentants de la *Devotio moderna*, l'Anglais Richard Mulcaster (*ca* 1531-1611)[4], Comenius (1592-1670)* et sa *Grande Didactique*[5], sans oublier l'essentielle contribution de Martin Luther (1483-1546)*[6] puis celle du Piétisme tel qu'il s'est plus spécialement développé à Halle sous l'impulsion de August Hermann Francke (1663-1727) et Johann Anastasius Freylinghausen (1670-1739)*[7].

Une réforme spécifiquement suisse du répertoire en musique s'est heureusement accomplie au cours du XVIIIe siècle avec l'apparition de chants moraux, patriotiques et entonnés à la gloire de la nature. Les recueils à

---

[3] Denis de ROUGEMONT (1989, 2002). *La Suisse ou l'histoire d'un peuple heureux*, p. 264.
[4] Jacqueline COUSIN-DESJOBERT (2003). *La théorie et la pratique d'un éducateur élisabéthain Richard Mulcaster c. 1531-1611*. Paris : Éditions SPM.
[5] COMÉNIUS (1632, 2002). *La grande didactique ou l'art universel de tout enseigner à tous*. Paris : Klincksieck.
[6] Annick SIBUÉ (2010). *Martin Luther et sa réforme de l'enseignement, origine et motivations*. Paris : Éditions EDILIVRE APARIS.
[7] Wolfgang MIERSEMANN, Gudrun BUSCH (Éd.) (2002). *Pietismus und Liedkultur*. Tübingen : Verlag der Franckeschen Stiftungen Halle im Max Niemeyer Verlag.

trois voix jouiront alors d'une grande popularité avec, plus particulièrement, les « chansons pour le peuple » chères à l'idéal que prôneront Pestalozzi et Nägeli.

La plus grande partie de la musique folklorique autochtone, en Suisse, est du XIXᵉ siècle. C'est par le peuple et à son intention qu'elle a été créée. Les montagnards des Alpes, occupés à l'élevage, vont développer un *corpus* mélodique archétypal, pourvu de très grands intervalles, mû par une complexité rythmique remarquable, empreinte de liberté, de spontanéité. Il s'agit d'un répertoire pastoral dont les racines remontent à la nuit des temps, à ceux de l'incantation et de l'hymne, avec ses cris de joie et de signal. Ainsi, le *jodel*, manifestation des motifs intimes, aboutissement d'une riche introspection inhérente à la solitude des pâturages. Dans le monde plus intellectualisé de la civilisation, des sociétés de concerts et de chorales locales vont proliférer.

Ce lien essentiel entre culture et civilisation était profondément ressenti par Pestalozzi. Mais par son étrange refus du chant populaire originel, Nägeli va privilégier une autre dimension dont il sera largement question dans les pages qui vont suivre.

Comprendre la démarche musicale de Pestalozzi et de ses collaborateurs exige, dans un premier temps, de définir un terme grec qui forge indéniablement le socle de leur pensée pédagogique. Il s'agit effectivement du mot *ēthos*, issu du vocabulaire philosophique et musical de la Grèce antique, qui sera estimé tel un concept concernant la relation entre la musique et l'éducation (*paideia*). Il revêt une dimension morale, l'éthique. Homère et Hésiode l'entendaient comme « coutume », « habitude ». Ce vocable ne prendra un caractère moral qu'avec Héraclite (576-480 av. J.-C.). Il s'agit, en l'occurrence, de valorisations, d'attitudes éthiques ultérieurement mises en valeur par la *Lehre vom Ethos* du musicologue Hermann Abert (1871-

1927)[8]. La musique nourrit, génère des états éthiques. Autrement dit, en tant que production de la psyché humaine, la musique exprime l'*ēthos* intérieur : des valeurs. Psychologiquement, il implique le juste et le faux, le juste aussi bien que le faux discernés, au niveau des motifs, des « raisons d'agir ». Pestalozzi savait parfaitement cela. Bien avant lui, le théoricien grec de la musique Damon d'Athènes (Ve s. av. J.-C.) a indubitablement été une figure majeure dans l'histoire de l'*ēthos* musical avec laquelle il faudra compter pour comprendre la complexité du processus historique en matière d'éducation par la musique.

Cette notion, dans la Grèce antique, est associée à l'idée même de culture qui se distingue clairement du concept de civilisation avec lequel il se confond souvent en français. En valorisant le développement harmonieux de l'esprit et du corps, Platon a su exprimer une juste définition de la *paideia* en accord avec le sens musical tandis qu'Aristote et Isocrate seront beaucoup moins intéressés par cette dimension éthique. Le premier mène à Comenius, les deux autres, beaucoup moins.

La compréhension du langage musical renvoie, plus spécifiquement, à quelques termes fondateurs eux aussi d'origine grecque. Les trois mots suivants constituent ainsi un fondement scientifique à la compréhension psychologique, historique et technique du langage musical en tant qu'expression et non imitation esthétique d'un monde extérieur qui serait détaché de la réalité intérieure. Ils ne sont, bien évidemment, pas les seuls d'importance mais c'est à partir d'eux que peut s'élaborer une explication cohérente et féconde.

D'abord et, bien évidemment, μουσική – *mousiké* – « musique », à savoir la science des Muses. La musique, expression de la psyché humaine, est un mythe sonore,

---

[8] *Die Lehre vom Ethos in der griechischen Musik*, Leipzig, Breitkopf & Härtel, 1899.

production de l'*imagination* personnifiante et sublimative – au sens anglais du poète William Blake (1757-1827)[9] et psychologique de Paul Diel (1893-1972)* –, extraconsciente puis consciente. Elle exprime le jeu (travail évolutif) entre l'*excitabilité*[10] et la *réactivité* qui est animé par l'élan de vivre ou le désir essentiel qui anime toute vie. En soi, la *musique n'est rien* comme l'a justement expliqué et attesté par sa remarquable expérience le grand chef d'orchestre Sergiu Celibidache (1912-1996) – et, surtout, elle n'exerce aucun pouvoir sur l'homme contrairement à ce que pourrait laisser supposer une façade narrative insuffisamment comprise du mythe d'Orphée[11]. En réalité, c'est l'homme qui la valorise *(excitabilité)* à partir de ses motifs et qui réagit *(réactivité)* en fonction de sa capacité à être libre et/ou sous l'emprise de ses faux motifs, et/ou de ce qui le *meut*, donc l'*émeut*. Comprendre la musique exige de se référer à la *Théorie de la Connaissance* qui précède toute recherche ayant pour but de remonter aux origines de l'existence du monde et de la vie. Comenius* l'avait parfaitement compris.

Selon le chef d'orchestre et théoricien suisse Ernest Ansermet*,

---

[9] Au XVIIIe siècle, l'imagination était généralement considérée comme une dégénérescence. Tout au contraire, William Blake a su la valoriser comme étant la faculté centrale, commune à Dieu et à l'Homme. Son ennemi juré est l'*Abstract Philosophy*. En cela, Blake pouvait se réclamer du Suisse Paracelse (1493-1541).
[10] « L'excitabilité n'est qu'un autre mot pour la force vitale (cause inexplicable de tout mouvement psychique). L'excitabilité, principe fondamental de la vie, étant une limite, atteignable par l'explication mais qui ne peut pas être franchie, a pourtant, outre son côté inexplicable, un côté phénoménal constatable, un aspect définissable. Ce qui est inexplicable, c'est son existence ; ce qui est explicable, ce sont ses modes d'existence » [Paul DIEL (1962). *Psychologie de la motivation*, p. 35].
[11] Paul DIEL (1952). *Le symbolisme dans la mythologie grecque*, pp. 142-148.

la musique n'est pas une expression de sentiments mais une expression de l'homme en tant qu'être éthique, et c'est ce qui lui donne sa profondeur de sens et sa valeur. Elle révèle la vérité de l'homme à son insu.

Il précisait encore que

> la *valeur* de la musique, en tant qu'expérience humaine, est d'ordre éthique et non d'ordre esthétique : elle tient à sa signification humaine et à sa richesse ou à sa densité de signification humaine.

Le compositeur et historien de la musique anglais, Sir Charles Hubert Hastings Parry (1848-1918), a écrit dans son passionnant et remarquable *The Evolution of the Art of Music* que

> The musician formulates the direct expression of man's innermost feelings and sensibilities[12].

Enfin, la définition psychologique qu'en a donné William Shakespeare (1564-1616) mérite d'être citée dans un tel contexte épistémologique :

> L'homme qui n'a pas de musique en lui et qui n'est pas ému par le concert des sons harmonieux est propre aux trahisons, aux stratagèmes et aux rapines. Les mouvements de son âme sont mornes comme la nuit, et ses affections noires comme l'Érèbe. Défiez-vous d'un tel homme ![13]

Le second terme τόνος – *tónos* – « ton », est relatif à la notion de *tension* intérieure, à savoir la concentration, l'attention – symboliquement, la tension de la corde de la lyre et de l'arc d'Apollon qui, dans l'*Hymne* homérique qui lui est consacré, déclare :

---

[12] Charles Hubert Hastings PARRY (1896, 1931). *The Evolution of the Art of Music*, pp. 4-5.

[13] The man that hath no music in himself, Nor is not moved with concord of sweet sounds, Is fit for treasons, stratagems, and spoils, The motions of his spirit are dull as night, And his affections dark as Erebus : Let no such man be trusted (*The Merchant of Venice*, 1598).

Qu'on me donne ma *kitharis* (κίθαρίς) et mon arc (τόξα) recourbé. Je révélerai aux hommes dans mes oracles les desseins infaillibles de Zeus[14].

Le « ton » implique la notion psychologique d'*intentionnalité créatrice*. En 1948, le musicologue suisse Jacques Samuel Handschin (1886-1955) différenciait, à juste titre, ce qu'il appelait le « caractère du ton », qualitatif, de la « hauteur du son », quantitative, mais néanmoins relative à notre imagination. D'où la formation de l'intervalle spécialement valorisé par Nägeli*.

Le troisième et dernier concept ἁρμονία – *harmonia* – « harmonie », est d'une grande richesse dès lors qu'il est saisi à sa source linguistique. D'abord, Harmonia est une déesse – dans la mythologie grecque et selon la tradition thébaine – fille d'Arès (Ἄρης) et d'Aphrodite (Ἀφροδίτη), dualité ambivalente[15] par excellence. Elle est mariée à Cadmos (Κάδμος)[16] – interprété comme *Kosmos* (κόσμος) – le fondateur de Thèbes, en récompense de l'aide qu'il a apportée à Zeus (Ζεὺς) contre Typhée, ou Typhon (Τυφών). D'autre part, ἁρμονία

le seul mot universellement usité pour la forme musicale [...] est identifié dans sa signification concrète à la forme de l'octave[17].

Ceci renvoie, principalement, au caractère du « ton » dans toutes ses potentialités herméneutiques. La déesse Harmonie se révèle être, tout à la fois, « personnification

---

[14] *Hymne homérique à Apollon*, v. 131-132.

[15] « *Toute fausse motivation est contradictoire en elle-même* ; ELLE EST AMBIVALENTE. La fausse motivation contient à la fois la position de la fausse valeur et sa négation. Mais sa négation elle-même demeure douteuse ; elle exige une nouvelle position et ainsi de suite » [Paul DIEL (1962). *Psychologie de la motivation*, pp. 101-102].

[16] Héros du cycle thébain.

[17] Johannes LOHMANN (1989). *Mousiké et Logos. Contributions à la philosophie et à la théorie musicale grecques*, p. 72.

et principe de l'union des contraires, compagne des Amours »[18]. En réalité l'harmonie est, premièrement, « l'ordre établi par Zeus dans l'univers »[19]. Elle « ne saurait jamais être ébranlée par la seule volonté humaine »[20]. Le philosophe Héraclite l'a fort bien exprimé lorsqu'il constate la recherche de l'équilibre malgré les dualités antithétique et ambivalente. Les tensions sont antagonistes lorsqu'elles sont distinguées des surtensions et des soustensions. Le philosophe compare l'harmonie à la jonction d'efforts convergents et divergents dans l'arc, attribut d'Apollon.

Sans être consciemment et intellectuellement nourri par cette terminologie, Pestalozzi n'a eu de cesse, à propos de la musique destinée à l'enfant, de la considérer comme une introduction à la Beauté. Elle devait consolider les sentiments de camaraderie au sein de la communauté et apporter un soulagement entre les périodes d'étude. La pratique du chant était constante. Les enfants chantaient en changeant de classe, lors de promenades d'observation dans la nature. Pour ce qui concernait son enseignement, il ne suggérait pas d'autre principe que celui de l'itinéraire progressif du simple au complexe, selon les capacités de chacun. L'élève apprenait par l'expérience sensible, l'*Anschauung* – le fondement de tout le savoir[21] –, et non en mémorisant les faits mécaniquement[22]. En cela, Pestalozzi était l'antithèse parfaite de l'impitoyable et froid utilitariste Thomas Gradgrind[23] créé par Charles Dickens,

---

[18] Evanghélos MOUTSOPOULOS (1975). *La philosophie de la musique dans la dramaturgie antique. Formation et structure.* p. 10.
[19] *Ibid.*, p. 16.
[20] *Ibid.*
[21] James A. KEENE (1987). *A History of Music Education in the United States*, p. 82.
[22] Bernarr RAINBOW (1989). *Music in Educational Thought and Practice*, p. 136.
[23] « Ce que je veux, ce sont des Faits. N'enseignez à ces garçons et à ces filles rien d'autre que des Faits. Ce sont les Faits et eux seuls qui

odieux personnage de *Hard Times, for these times* (1854) qui ne réclamait que des faits.

Depuis la disparition de Pestalozzi en 1827 et celle de Nägeli* en 1836, la science psychologique a considérablement évolué. Grâce à elle, nous pouvons admirer d'autant plus le génie de Pestalozzi, authentique précurseur de la *psychologie de la motivation* telle que Paul Diel*, soutenu et admiré par Albert Einstein, la portera à un niveau d'exception spirituelle et intellectuelle.

Mon étude et mes commentaires se concentreront ainsi sur le parcours de Pestalozzi dans sa préoccupation à valoriser la musique, aidé en cela par quelques figures emblématiques tout en tenant compte des sources qui l'ont inspiré. Mon itinéraire chronologique sera complété par la présentation de l'héritage tel que d'autres l'assumeront après 1827. Enfin, un dictionnaire biographique des principaux protagonistes, souvent mal connus d'un public francophone, complètera cet ouvrage.

---

sont nécessaires dans la vie. Ne plantez rien d'autre, et arrachez tout le reste [...] C'est le principe selon lequel j'élève mes propres enfants, et c'est le principe selon lequel j'élève les enfants de cette école. »

1.
Les sources

Mon cher ami, le monde est plein d'hommes disponi-
bles, mais vide de gens capables de les utiliser. Les idées
de nos contemporains sur les capacités des hommes ne
franchissent guère les limites de leur propre peau, ou
s'étendent tout au plus, en ce qui touche les hommes qui
leur sont si proches, jusqu'à leur chemise.

Johann Heinrich Pestalozzi – *Comment Gertrude instruit ses enfants*
(Troisième lettre – 1801).

Johann Heinrich Pestalozzi est né le 12 janvier 1746 à
Zurich, une ville qui restera chère à son cœur sa vie durant. La musique savante occidentale était alors dominée
par la haute figure de Johann Sebastian Bach qui allait
s'éteindre, à Leipzig, en 1750. Six ans plus tard, Wolfgang
Amadeus Mozart verra le jour. Mais qu'en était-il, historiquement, de la Suisse et de Zurich ? Pour ce qui concerne
cette cité, entrée dans la Confédération en 1351 – lorsqu'elle a conclu une alliance perpétuelle avec Lucerne,
Uri, Schwyz et Unterwald –, la place de la musique y sera
importante à l'époque de Pestalozzi. Pourtant, le Réformateur Huldrych Zwingli (1484-1531)*, bien qu'excellent
musicien lui-même, lui avait imposé une cure de silence
dans le *Gottesdienst* lorsqu'il était le pasteur du *Groß-*
münster entre 1519 et 1531. En cela, il s'opposait à Martin
Luther (1483-1546)* pour lequel la notion du *Singen und*
Sagen fécondait toute sa pensée théologique. Nous verrons
que Pestalozzi sera son héritier naturel. Il faudra donc at-

tendre 1598 pour que la pratique du chant soit réintroduite à Zurich. Une belle tradition chorale fondée sur les Passions et les oratorios verra le jour en 1765.

Entre-temps, la réflexion musicale de Jean-Jacques Rousseau (1712-1778)* mérite une analyse dans la mesure où cette personnalité contrastée exercera une influence certaine sur Pestalozzi. En 1749, il rédige quelques articles sur le sujet à la demande de Diderot (1713-1784). Dans l'entrée MUSIQUE, Rousseau met en cause la relation entre mélodie et harmonie :

> Ce chaos, cette confusion de parties, cette multitude d'instruments différents [...], ce fracas d'accompagnements qui étouffent la voix sans la soutenir ; tout cela fait-il donc les véritables beautés de la musique ? Est-ce de là qu'elle tire sa force et son énergie ?

À la lecture de cet extrait, il est permis de se poser la question sur les critères qui déterminent la position de son auteur. Envisage-t-il seulement l'esthétique au détriment de l'éthique ou faut-il comprendre sa préoccupation morale ?

Présentant le concept intéressant, et fort rarement étudié, d'*unité de mélodie*, Rousseau précise dans son article ACCOMPAGNEMENT :

> Les Italiens font peu de cas du bruit ; [...] en un mot, ils ne veulent pas qu'on entende rien dans l'accompagnement, ni dans la basse, qui puisse distraire l'oreille du sujet principal, et ils sont dans l'opinion que l'attention s'évanouit en se partageant.

La notion d'*unité* est incontestablement relative à une chaîne qui s'est formée depuis l'époque réformatrice du Tchèque Jan Hus (*ca* 1370-1415) jusqu'au compositeur morave Leoš Janáček (1854-1928) en passant par Comenius (1592-1670)*, Johann Friedrich Herbart (1776-1841)* et le psychologue Wilhelm Max Wundt (1832-1920). L'analyse de ce dernier, pour ce qui concerne les petites entités ou multiplicité dans leurs relations à l'*unité*, se fonde à la fois dans l'introspection et dans le principe du volontarisme humain.

La polémique qui a opposé Rousseau* à Jean-Philippe Rameau (1683-1764), indépendamment des enjeux liés à leurs affectivités respectives, ne peut être résolue que psychologiquement. Car, en effet, elle ne relève pas purement et simplement de la seule esthétique mais plus fondamentalement de l'éthique. En ce sens, il appert que les deux protagonistes ont tort, Rousseau certainement moins que Rameau, mais tout de même, chacun oublie la notion essentielle d'imagination, d'*Anschauung*, donc de relation équilibrée, comme le suggère fort bien le philosophe russe Nicolas Berdiaeff (1874-1948), entre sujet pensant et objet d'étude. En l'occurrence, ils ont quelque peu minoré ou exalté, par ambivalence, le « Je » ou « Moi » essentiel dans leur approche assez mécaniste ou sentimentale de l'objet mélodique, « the primary musical phenomenon » selon le musicologue et psychologue anglais James L. Mursell (1893-1963)[24].

De surcroît, Rousseau et Rameau négligent la relation duelle entre *unité* et *multiplicité*, *horizontalité* et *verticalité*. Il est bien évident que c'est à partir de l'*unité-simple* que s'engendre la *multiplicité-complexe* et non l'inverse. Par conséquent, il semble assez vain d'opposer, dans le contexte évolutif du langage musical occidental, mélodie et harmonie. Le problème était faussement posé et a, de la sorte, suscité des discussions sans fin sur le sexe des anges. Mais la conception purement matérialiste de Rameau sera ultérieurement corrigée comme en témoigne le musicologue finlandais Eero Tarasti lorsqu'il écrira au début du XXIe siècle :

---

[24] Warren Dwight ALLEN (1962). *Philosophies of Music History. A Study of General Histories of Music 1600-1960*, p. 195.

La musique ne se fonde nullement sur des lois naturelles ou physiques, même si la thèse contraire a été constamment ressassée (par exemple lorsqu'on définissait la musique comme construite à partir de la série des harmoniques)[25].

D'autres auteurs ont néanmoins adopté une position proche de celle de Rousseau, tels que Toussaint Rémond de Saint-Mard (1682-1757) dans ses *Réflexions sur l'opéra* (1741) et l'abbé Gabriel Bonnot de Mably (1709-1785) dans sa *Lettre à Madame la marquise de P... sur l'opéra* (1741). Leurs essais sont cependant bien oubliés, peut-être à juste titre.

En 1753, Rousseau publie, à Paris, sa fameuse et douloureuse *Lettre sur la musique française*, la première œuvre où il aborde en profondeur la question fort complexe des liens qui se tissent entre la musique et le langage. Il y écrit notamment :

> Je crois avoir fait voir qu'il n'y a ni mesure ni mélodie dans la musique française, parce que la langue n'en est pas susceptible ; que le chant français n'est qu'un aboiement continuel, insupportable à toute oreille non prévenue ; que l'harmonie en est brute, sans expression et sentant uniquement son remplissage d'écolier ; que les airs français ne sont point des airs ; que le récitatif français n'est point du récitatif. D'où je conclus que les Français n'ont point de musique et n'en peuvent avoir ; ou que si jamais ils en ont une, ce sera tant pis pour eux.

De ce fait, Rousseau* va contester, non sans virulence, le récitatif à la Jean-Baptiste Lully (1632-1687), le musicien d'État par excellence, autant que la conception harmonique de Rameau. Ce dernier prônait effectivement le dogme de la priorité de l'harmonie unilatéralement fondé sur la connaissance extérieure, rationnelle de la nature physique du son. Ce faisant, il niait le principe immanent de l'*excitabilité*[26] déjà évoqué dans l'Avant-propos. Par sa

---

[25] Eero TARASTI (2006). *La musique et les signes. Précis de sémiotique musicale*, p. 40.
[26] Voir note 10.

survalorisation de l'acoustique, Rameau n'avait, en réalité, pas compris l'enseignement pythagoricien, essentiellement de nature symbolique, puis pré-psychologique. C'est ainsi qu'il avance l'idée de « principe sonore », extérieur, alors qu'il s'agit de prendre en considération le « motif sonore », intérieur. Par cette erreur fondamentale, Rameau nie qu'il puisse y avoir analogie entre musique et langue. Il ne s'intéresse donc pas aux questions relatives à la source, l'origine, autrement dit à la notion de *cause première*[27]. Celle du *finalisme immanent de la vie en évolution*[28] lui échappe complètement. Rameau était un sceptique valorisant l'idée de hasard. Par conséquent, il élimine le mystère, l'émotion. Il ignore la *loi de différenciation-intégration*[29] connue, intuitivement, par les génies de tous les temps.

Bien au-delà des querelles de personnes, d'esthétiques et de conflits prétendument nationaux, Rousseau va créer, sans trop le savoir consciemment, les prémices d'une *Musikanschauung*. À juste titre, il n'acceptera pas la vision intellectuellement optimiste de Jean Le Rond d'Alembert (1717-1783) sur le progrès de la musique lequel confondait justement ce concept avec celui d'évolution. Rousseau veut comprendre la source. Il se mettra à cette redoutable tâche qui implique non seulement l'intellect mais aussi l'esprit mais non sans commettre des maladresses. Celles-ci sont fort pardonnables car il a été, en quelque sorte, un précurseur de la psychologie qui n'existait pas en son temps en tant que science de la vie. Dans sa critique de l'harmonie artificielle, compliquée, qui s'oppose à la mélodie simple autant que complexe, en tant que mythe

---

[27] Ce terme n'est qu'une image pour le mystère de toute existence.

[28] Paul Diel* le définit comme « la progressive spiritualisation de la matière et la progressive matérialisation de l'esprit » [*La peur et l'angoisse*, p. 92].

[29] « Peut être appelée « l'esprit préconscient » qui préside à l'organisation psycho-somatique de la matière vivante » [Paul DIEL (1973). *La peur et l'angoisse*, p. 116].

(1) Fait d'où découle une conséquence.

sonore, il anticipe sur les remarquables considérations de l'Anglais William Blake (1757-1827). En effet, la mélodie ne saurait être fondée sur un phénomène purement physique car elle est une expression de la psyché humaine, d'abord extraconsciente puis consciente. Rousseau va pertinemment expliquer que le principe de la mélodie est dans la « nature morale de l'homme » ce que Rameau ne pouvait pas saisir. Il ne connaissait pas la notion d'$\bar{e}thos$ justement éclairée par son contradicteur inspiré.

En 1755, Rousseau poursuit sa réflexion avec *L'Examen des deux principes avancés par M. Rameau* puis, le Genevois travaille à une œuvre importante, l'*Essai sur l'origine des langues*[30] qui sera publié à titre posthume en 1781. Anticipant la féconde réflexion de Leoš Janáček (1854-1928)*[31], il fait de nombreuses comparaisons entre les langues, les sons produits par leur prononciation et la musique :

> Toute langue où l'on peut mettre plusieurs airs de musique sur les mêmes paroles n'a point d'accent musical déterminé. Si l'accent était déterminé, l'air le serait aussi. Dès que le chant est arbitraire, l'accent est compté pour rien. Les langues modernes de l'Europe sont toutes du plus au moins dans le même cas. Je n'en excepte pas même l'italienne. La langue italienne non plus que la française n'est point par elle-même une langue musicale. La différence est seulement que l'une se prête à la musique, et que l'autre ne s'y prête pas. Tout ceci mène à la confirmation de ce principe, que par un progrès naturel toutes les langues lettrées doivent changer de caractère et perdre de la force en gagnant de la clarté, que plus on s'attache à perfectionner la grammaire et la logique plus on accélère ce progrès, et que pour rendre bientôt une langue froide et monotone il ne faut qu'établir des académies chez le peuple qui la parle [chapitre VII].

---

[30] Marie-Élisabeth DUCHEZ (1974). *Principe de la Mélodie et Origine des Langues. Un brouillon inédit de Jean-Jacques Rousseau sur l'origine de la mélodie*, pp. 33-86.

[31] James LYON (2011). *Leoš Janáček, Jean Sibelius, Ralph Vaughan Williams. Un cheminement commun vers les sources.*

Sur ce sujet sensible, Rousseau* sera, bien évidemment, fort contesté par quelques polémistes qui le considéraient en ce domaine tel un amateur. Ce serait aller un peu vite en besogne que d'estimer son approche du seul point de vue de la polémique esthétique opposant deux façons, quelque peu ambivalentes d'ailleurs, de concevoir la musique : la Française et l'Italienne. Encore une fois, psychologiquement, il y a certes des insuffisances dans la pensée musicale de Rousseau, mais on ne saurait le lui reprocher *a posteriori*, la connaissance scientifique de la psyché n'apparaîtra progressivement qu'à partir du XIXe siècle. Précisément, l'attaque en règle contre l'harmonie ne saurait se justifier tant elle exprime l'élément différenciateur qui constitue une dualité complémentaire avec la *mélodie-unité-intégration*. En l'occurrence, sa valorisation enthousiaste de la mélodie n'ouvre pas complètement l'accès à ce qui deviendra l'herméneutique (ἑρμηνεία) de la mélodie. Par ses contradictions, Rousseau a malheureusement ouvert la boîte de Pandore des lieux communs nonobstant sa juste critique d'une harmonie purement mécaniste. En revanche, dans ce même texte, il semble déjà entrevoir, poétiquement, le principe psychologique de l'*excitabilité*[32] défini plus haut :

> L'art du musicien consiste à substituer à l'image insensible de l'objet celle des mouvements que sa présence excite dans le cœur du contemplateur. Non seulement il agitera la mer, animera les flammes d'un incendie, fera couler les ruisseaux, tomber la pluie et grossir les torrents ; mais il peindra l'horreur d'un désert affreux, rembrunira les murs d'une prison souterraine, calmera la tempête, rendra l'air tranquille et serein, et répandra de l'orchestre une fraîcheur nouvelle sur les bocages. Il ne représentera pas directement ces choses, mais il excitera dans l'âme les mêmes sentiments qu'on éprouve en les voyant.

Il est aisé de comprendre en quoi Rousseau* influencera la sensibilité intuitive de Pestalozzi certainement

---

[32] Voir note 10.

davantage que cela ne sera le cas pour Nägeli*, plus rationnel, en définitive.

Entre-temps, en 1751, également l'année de son entrée à l'école, le jeune Johann Heinrich a perdu son père, le « chirurgien » Johann Baptist Pestalozzi (né en 1718). Il était alors âgé de six ans. Entre 1754 et 1765, il fréquentera l'École Latine, le *Collegium humanitatis* et le *Collegium Carolinum* où ses maîtres remarquables, de grande réputation, s'appellent Johann Jacob Bodmer (1698-1783)* et Johann Jacob Breitinger (1701-1776)*. Le premier, par exemple, s'opposait au rationalisme excessif prôné, non sans arrogance, par les intellectuels français. Toutefois, le jeune étudiant Pestalozzi ne sera pas en reste de critiques à l'endroit de tels professeurs. Il leur reprochait d'élever

> l'esprit jusqu'à des hauteurs insoupçonnées, mais laissait les mains complètement vides des instruments qui auraient pu leur permettre d'inscrire dans la réalité les idéaux qu'ils faisaient briller dans les textes[33].

L'une des personnalités marquantes de la vie musicale zurichoise de cette époque a incontestablement été Johann Ludwig Steiner (1688-1761)*[34]. Son talent de mélodiste a forgé la synthèse entre le *Kirchenlied* et le *Lied* comme en témoigne l'exemple ci-dessous, issu de son recueil de 1735[35], associé au *Lied von der Geduld über Hebr. 10, 35-37, Geduld ist euch vonnöten* (1661), du poète et pasteur allemand Paul Gerhardt (1607-1676) :

---

[33] Michel SOËTARD (1987). *Pestalozzi*, p. 13.
[34] Les astérisques renvoient, en fin de volume, au *Dictionnaire biographique*.
[35] Zahn V, 8778.

Le successeur de Steiner sera Johann Caspar Bachofen (1695-1755)*, compositeur et *Kantor*, le représentant le plus significatif du *Kirchenlied* de la première moitié du XVIIIe siècle, en Suisse alémanique. Puis, l'héritier de Bachofen, à Zurich, sera Johannes Schmidlin (1722-1772)*, remarquable précurseur, en esprit de Pestalozzi, sinon de Nägeli comme nous le verrons.

Le compositeur et pédagogue Johann Heinrich Egli (1742-1810)* s'installe à Zurich en 1760 où il joue du violon au sein du *Collegium Musicum*[36]. Élève de Schmidlin, il est fortement influencé par Carl Philipp Emanuel Bach (1714-1788). Egli enseignera le piano et le chant tout en composant à partir de la poésie patriotique des poètes-pasteurs Johann Jakob Hess (1741-1828)* et Johann Caspar Lavater (1741-1801)*.

---

[36] Le *Collegium Musicum* a été l'un des types de multiples sociétés musicales qui ont vu le jour dans les Allemagnes et les cités de Suisse alémanique depuis la Réformation et qui ont prospéré jusqu'au milieu du XVIIIe siècle.

Johannes Schmidlin et Johann Heinrich Egli
(lithographie de Johann Caspar Scheuchzer, Orell Füssli, Zurich,
vers 1840, Zentralbibliothek Zurich)

En 1761, Schmidlin met en musique les textes de Christian Fürchtegott Gellert (1715-1769) sous le titre de *Gellerts geistliche Oden und Lieder.* Six ans plus tard, il composera son Ode, *Jesus auf Golgotha,* d'après Lavater*. Et c'est dans un esprit patriotique qu'il publiera, en 1769, à Bern, ses *Schweizerlieder,* une fois de plus avec la contribution populaire de Lavater. D'une part, Johannes Schmidlin apparaît comme un compositeur fidèle à la tradition des psaumes mis en musique à plusieurs voix ; d'autre part, il a contribué à l'épanouissement du *Sololied* soutenu par la *Generalbaß* qu'il a aidé à percer en Suisse. Sa musique spirituelle sera encore jouée au XIXe siècle au sein des *Musikkollegien* et dans les cercles privés.

Entre-temps, la ville de Lausanne avait vu naître, le 1er mai 1764, à l'initiative du pasteur de Prilly, Pierre Antoine Curtat (1720-1801), une « louable société de musique ». Son projet était de

rétablir le chant des psaumes dans l'Église, sur un ton plus édifiant et plus décent, en y chantant tant en public que dans le particulier les louanges de Dieu avec ordre et mélodie, ce qui imprimera toujours plus de respect et de goût pour cette partie essentielle du service divin, et servira en même temps, à former des élèves pour les régences, capables de soutenir le chant des psaumes dans les Églises du pays où ils pourraient être appelés[37].

L'idée de charité sous-tendait cette initiative.

En 1767, Pestalozzi est emprisonné avant de commencer, en septembre, son apprentissage agricole chez le physiocrate et économiste Johann Rudolf Tschiffeli (1716-1780).

En novembre, Rousseau* publie, à Paris, son fameux *Dictionnaire de musique*. Ses compositions musicales ne sont pas les plus essentielles. Pourtant, ses prises de position, parfois mal comprises, en faveur de la mélodie méritent que l'on s'y arrête encore et cela d'autant plus que nous aurons à examiner celles et de Pestalozzi et de Nägeli* en cette délicate matière. Malgré sa présentation quelque peu fastidieuse, sa définition mérite d'être citée *in extenso* :

> **MÉLODIE**. Succession de Sons tellement ordonnés selon les lois du Rythme & de la Modulation, qu'elle forme un sens agréable à l'oreille[38] ; la Mélodie vocale s'appelle Chant ; & l'instrumentale, Symphonie. L'idée du Rythme entre nécessairement dans celle de la Mélodie : un Chant n'est un Chant qu'autant qu'il est mesuré ; la même succession de Sons peut recevoir autant de caractères, autant de Mélodies différentes, qu'on peut scander différemment ; le seul changement de valeur des Notes, peut défigurer cette même succession au point de la rendre méconnaissable. Ainsi la Mélodie n'est rien par elle-même ; c'est la Mesure qui la détermine, & il n'y a point de Chant sans le Temps. On ne doit donc pas comparer la Mélodie avec l'Harmonie, abstraction faite de la Mesure dans toutes les deux, car elle est essentielle à l'une & non pas à l'autre. La Mélodie se rapporte à deux principes différents, selon la manière dont on la considère. Prise par les rapports des

---

[37] Jacques BURDET (1939). « Une société de chant à Lausanne au XVIIIᵉ siècle », p. 299.

[38] Attribution par trop restrictive qui ne prend pas en compte le phénomène des dualités.

Sons & par les règles du Mode, elle a son principe dans l'Harmonie ; puisque c'est une analyse harmonique qui donne les Degrés de la Gamme, les cordes du Mode, & les lois de la Modulation, uniques éléments du Chant. Selon ce principe, toute la force de la Mélodie se borne à flatter l'oreille par des Sons agréables, comme on peut flatter la vue par d'agréables accords de couleur : mais prise pour un art d'imitation par lequel on peut affecter l'esprit de diverses images, émouvoir le cœur de divers sentiments, exciter & calmer les passions, opérer, en un mot, des effets moraux qui passent l'empire immédiats des sens, il lui faut chercher un autre principe : car on ne voit aucune prise par laquelle la seule Harmonie, & tout ce qui vient d'elle, puisse nous affecter ainsi. Quel est ce second principe ? Il est dans la Nature ainsi que le premier ; mais pour l'y découvrir il faut une observation plus fine, quoique plus simple, & plus de sensibilité dans l'observateur. Ce principe est le même qui fait varier le Ton de la Voix, quand on parle, selon les choses qu'on dit & les mouvements qu'on éprouve en les disant. C'est l'Accent des Langues qui détermine la Mélodie de chaque Nation ; c'est l'Accent qui fait qu'on parle en chantant, & qu'on parle avec plus ou moins d'énergie, selon que la Langue a plus ou moins d'Accent. Celle dont l'Accent est plus marqué doit donner une Mélodie plus vive & plus passionnée ; celle qui n'a que peu ou point d'Accent ne peut avoir qu'une Mélodie languissante & froide, sans caractère & sans expression. Voilà les vrais principes ; tant qu'on en sortira & qu'on voudra parler du pouvoir de la Musique sur le cœur humain, on parlera sans s'entendre ; on ne saura ce qu'on dira. Si la Musique ne peint que par la Mélodie, & tire d'elle toute sa force, il s'ensuit que toute Musique qui ne chante pas, quelque harmonieuse qu'elle puisse être, n'est point une Musique imitative, & ne pouvant ni toucher ni peindre avec ses beaux Accords, lasse bientôt les oreilles, & laisse toujours le cœur froid. Il suit encore que, malgré la diversité des Parties que l'Harmonie a introduites, & dont on abuse tant aujourd'hui, sitôt que deux Mélodies se font entendre à la fois, elles s'effacent l'une l'autre & demeurent de nul effet, quelque belles qu'elles puissent être chacune séparément : d'où l'on peut juger avec quel goût les Compositeurs Français ont introduit à leur Opéra l'usage de faire servir un Air d'Accompagnement à un Chœur ou à un autre Air ; ce qui est comme si on s'avisait de réciter deux discours à la fois, pour donner plus de force à leur éloquence.

Complétons par la définition que Rousseau* propose de son intéressant concept UNITÉ DE MÉLODIE :

> La manière, dont un instinct musical, un certain sentiment sourd du génie, a levé cette difficulté sans la voir, et en a même tiré avantage, est bien remarquable. L'harmonie, qui devrait étouffer la mélodie, l'anime, la renforce, la détermine : les diverses parties, sans se confondre, concourent au même effet ; et quoique chacune d'elles paraisse avoir son chant propre, de toutes ces parties réunies, on n'entend sortir qu'un seul et même chant. C'est là ce que j'appelle *Unité de mélodie.*

Ce faisant, et contre toute attente, Rousseau suggérait un équilibre entre l'horizontalité et la verticalité sonores.

Les successeurs du pasteur Schmidlin* ont été les contemporains de Pestalozzi, Johann Heinrich Egli*[39], déjà cité, et son ami Johann Jakob Walder (1750-1817)*[40]. L'héritier spirituel et intellectuel de cette lignée sera l'étonnant Hans Georg Nägeli (1773-1836)*[41], pionnier d'une haute réflexion pédagogique largement inspirée par celle que Pestalozzi a mise en œuvre puis élargi tout au long de son existence. Pourtant, Nägeli assumera cet héritage à sa façon, bien singulière, ainsi que nous le verrons au fur et à mesure de notre recherche.

---

[39] En 1787, il publie, à Zurich, ses *Schweizerlieder.*
[40] Après Schmidlin et aux côtés de Egli, Walder incarne les idéaux de la *Berliner Liederschule.*
[41] Né, à Wetzikon, peu après la mort de Schmidlin, dans la même maison que ce dernier.

Hans Georg Nägeli
(d'après la lithographie de J. Billeter, publiée en 1829)

La culture suisse va progressivement s'édifier alliant la tradition religieuse issue de la Réforme, adoucie par le Piétisme et approfondie par des Lumières particulièrement tolérantes. En témoigne, par exemple, en 1761/62, la fondation à Schinznach Bad, dans le Canton d'Argovie, de la *Société helvétique* qui s'emploiera précisément à promouvoir la liberté intellectuelle tout en valorisant l'idée d'appartenance à une même patrie. Plusieurs personnalités d'envergure se réunissent autour de l'historien Isaak Iselin (1728-1782), secrétaire du Conseil bâlois et éminent représentant des Lumières suisses. Cette Société helvétique développera autant un sentiment national nouveau qu'une cohésion confédérale. Dans le même esprit, en 1762, le peintre Johann Ludwig Aberli (1723-1786)* entreprend un voyage dans l'Oberland bernois à partir duquel ses peintures de paysages seront l'expression d'une recherche du

« sublime[42] » tout à fait comparable, psychologiquement, à ce que Pestalozzi entreprendra dans son propre domaine. Outre les musiciens déjà évoqués, il importe de les associer à d'autres acteurs de la vie culturelle publique suisse tels que Johann Caspar Lavater*, déjà évoqué, et le peintre Johann Heinrich Füssli (1741-1825). Ces deux hommes se sont illustrés, en 1762, en dénonçant les agissements du bailli de Grüningen, le malhonnête Felix Grebel (1714-1787). Pour cela, ils seront obligés de quitter la ville. La même année, Rousseau* publiait l'*Émile* – qui influencera Pestalozzi en profondeur –, et suscitera de même un vif intérêt dans le monde germanique représenté, entre autres, par le pédagogue Johann Bernhard Basedow (1724-1790), héritier spirituel de Comenius (1592-1670). Nonobstant ses abstractions[43], cette réflexion stimulera l'expérience laquelle forgera le socle d'une autre pédagogie. C'est bien dans cet esprit que l'homme politique américain John Dickinson (1732-1808) l'entendait lorsqu'il déclarait :

> L'expérience doit être notre seul guide, la raison peut nous induire en erreur.

Mais, au fond, qu'est-ce que l'expérience, psychologiquement ? Elle est à associer à la réalité qui inclut la notion de vécu affectif. Il faut, en l'occurrence, distinguer l'expérience sensorielle (perception), l'expérience affective et l'expérience idéelle (spirituelle et intellectuelle), enfin idéale. L'expérience ultime est la sublimation. L'expérience est une forme de connaissance fondée sur l'excitation produite dans la psyché par une cause extérieure ou intérieure. L'excitation peut être réjouissante

---

[42] Ce concept sera brillamment défini, à Oxford, par le professeur, compositeur et théoricien William Crotch (1775-1847)*, également peintre.
[43] Bernarr RAINBOW (1989). *Music in Educational Thought and Practice*, p. 135.

(beau paysage, belle mélodie…) ou angoissante (foudre, cauchemar, cataclysme…). Autrement dit, l'expérience est une connaissance acquise à partir d'une réalité vécue, ressentie physiquement et émotivement, qui s'est plus ou moins élargie et approfondie par la connaissance théorique des lois qui régissent cette réalité. Ce que l'on éprouve par l'expérience inopinée fait précisément naître l'intuition *(die Anschauung)* de lois régissant cette réalité puis suggère l'énoncé d'une hypothèse explicative qui exige sa validation par l'expérimentation.

Dans son *Émile*[44] Rousseau traite naturellement de la musique et du chant, en particulier :

> L'homme a trois sortes de voix ; savoir, la voix parlante ou articulée, la voix chantante ou mélodieuse, et la voix pathétique ou accentuée, qui sert de langage aux passions, et qui anime le chant et la parole. L'enfant a ces trois sortes de voix ainsi que l'homme, sans les savoir allier de même ; il a comme nous le rire, les cris, les plaintes, l'exclamation, les gémissements, mais il ne sait pas en mêler les inflexions aux deux autres voix. Une musique parfaite est celle qui réunit le mieux ces trois voix. Les enfants sont incapables de cette musique-là, et leur chant n'a jamais d'âme. De même, dans la voix parlante, leur langage n'a point d'accent ; ils crient, mais ils n'accentuent pas […] Notre élève aura le parler plus uni, plus simple encore, parce que ses passions, n'étant pas éveillées, ne mêleront point leur langage au sien. N'allez donc pas lui donner à réciter des rôles de tragédie et de comédie, ni vouloir lui apprendre, comme on dit, à déclamer. Il aura trop de sens pour savoir donner un ton à des choses qu'il ne peut entendre, et de l'expression à des sentiments qu'il n'éprouva jamais [Livre II].

En affirmant que le chant des enfants « n'a jamais d'âme », Rousseau* se trompe. Leur imagination symbolique est, tout au contraire, reliée à une intense animation intérieure, autrement dit à une riche vie de l'âme.

---

[44] Jean-Jacques ROUSSEAU (1969). *Émile ou De l'éducation*, pp.240-241.

En 1767, les fort populaires *Schweizerlieder* de Lavater*, mis en musique par Johannes Schmidlin* deux ans plus tard, exprimeront cet élan que le mythe romantique de Guillaume Tell confirmera avec force. D'ailleurs, Lavater fait allusion à la notion de peuple élu, évoquant les combats essentiels d'Israël pour acquérir la liberté. Dans sa préface, Schmidlin précisait :

> On se détournera désormais des excès d'artifice pour suivre la nature : la simplicité, la noble simplicité n'en émouvra que plus.

Ce riche *corpus* constitue le premier recueil de textes et de mélodies séculières d'inspiration suisse, destiné

à éveiller l'esprit de vertu et de générosité.

En 1768, Schmidlin avait fondé le *Collegium Musicum* de Wetzikon, un ensemble de musiciens amateurs qui explorait le répertoire européen de cette époque. Ces sociétés de musique ont été les ancêtres des orchestres apparus au XIXe siècle et les précurseurs des concerts modernes. La même année, à Lucerne, cité catholique, Franz Joseph Leonti Meyer von Schauensee (1720-1789)* créait l'Helvetische Konkordiagesellschaft − Société à but religieux, scientifique, patriotique et social –, pour faire contrepoids à la Société helvétique qui aura également le mérite de promouvoir la pratique musicale séculière. Sans se fermer à l'*Aufklärung*, elle soutenait fermement la dogmatique de l'Église et cultivait des valeurs liées à l'esthétique dite « baroque ». Pour ce motif, les milieux de la Société helvétique la tiendront à distance.

En 1771, le philosophe suisse Johann Georg Sulzer (1720-1779)* concevait cette intéressante définition pour son excellente *Allgemeine Theorie der schönen Künste* (« Théorie générale des beaux-arts ») :

> La composition qui n'exprime pas de manière intelligible quelque passion ou mouvement de la « sensibilité » *(Empfindung)* n'est qu'un fruit superflu.

La mort de Johannes Schmidlin*, le 5 novembre 1772, à Wetzikon, marque irrémédiablement la fin d'une époque et le début d'une autre. En effet, deux ans auparavant naissait, à Bonn, l'un des grands génies de la musique occidentale, Ludwig van Beethoven qui connaîtra la pensée pédagogique de Pestalozzi et fréquentera de façon contrastée son confrère Nägeli*. Ce dernier verra le jour le 26 mai 1773, au presbytère de Wetzikon, là même où s'est éteint Schmidlin.

C'est justement en 1773 que Pestalozzi réalise l'une de ses expériences les plus marquantes sinon douloureuses, celle du *Neuhof*, à savoir la création d'un atelier industriel ayant pour vocation à accueillir les enfants pauvres. L'entreprise échouera en 1780.

En 1775, le compositeur Philipp Christoph Kayser (1755-1823)*, lié au groupe *Sturm und Drang*, dont il avait mis en musique les poèmes, s'installe à Zurich. Il y suit Lavater* et y enseigne le piano et la théorie musicale. Lavater qui, en cette même année, est nommé premier pasteur de l'église de l'orphelinat. Il commence également, en collaboration avec le dessinateur et graveur Johann Heinrich Lips (1758-1817), la publication de ses remarquables *Physiognomische Fragmente zur Beförde-rung der Menschenkenntnis und Menschenliebe* (« Fragments physiognomoniques pour l'avancement de la connaissance et de l'amour des humains ») dans lesquels Kayser figure tel un exemple parfait de « génie musical ». Leur diffusion sera exceptionnelle, bien au-delà de la Suisse. L'année suivante, le compositeur allemand Constantin Reindl (1738-1799)* sera nommé directeur musical de la Helvetische Konkordiagesellschaft.

Le 12 décembre 1777, le médecin-poète Albrecht von Haller s'éteignait à Berne. Cette grande figure de la culture helvétique mérite d'être mentionnée en tant que précurseur indirect de Pestalozzi, car il a su unir, avec génie, la poésie à la science. Le 2 juillet 1778, Rousseau fermera les yeux à son tour, à Ermenonville. Pestalozzi assumera l'héritage en l'élargissant et en l'approfondissant singulièrement.

Cette époque correspondait à un renouveau dans le domaine du chant populaire et des multiples expressions folkloriques inspirées par les paysages et plus singulièrement ceux des Alpes. Le philosophe et théologien allemand Johann Gottfried Herder (1744-1803), par exemple, publiait ses *Volkslieder* : *Stimmen der Völker im Liedern* en 1778/79. Réalisation cruciale qui déterminera un choix pédagogique pour ce qui concerne, entre autres, la pratique naturelle du chant.

1780 sera une année difficile pour Pestalozzi qui subira la faillite du *Neuhof*. Au mois de mai, il fait paraître « La Veillée d'un solitaire » *(Die Abendstunde eines Einsie-dlers)*, texte d'importance[45], tandis que Egli* publie, à Zurich, ses *Geistliche Gesänge mit Begleitung des Claviers*. Ce texte essentiel exprime la solitude douloureuse tendue vers l'espérance. L'année suivante, le premier

---

[45] Michel SOËTARD (1981). *Pestalozzi ou la naissance de l'éducateur. Étude sur l'évolution de la pensée et de l'action du pédagogue suisse (1746-1827)*, pp. 102 et suiv.

Lienhard und Gertrud (« Léonard et Gertrude ») de Pestalozzi sort de presse. Le chant y joue un rôle herméneutique
évident en tant qu'il est associé à la *Wohnstube* de Gertrude, symbole de l'harmonie retrouvée et de la
sublimation[46] au sens psychologique du terme.

Cette période de l'histoire suisse est troublée. Il ne faut
jamais oublier le contexte, parfois brutal, dans lequel le
pédagogue en devenir réalisera ses diverses expériences.
De la sorte, la musique, par sa relation aussi paisible que
dramatique aux paysages, ne pouvait que renforcer la dimension émotive qui la caractérise. Les tragédies
humaines se manifestent à Berne lors du fameux soulève-
ment du Gruérien Pierre-Nicolas Chenaux (1740-1781) à
la tête de deux mille paysans de l'Oberland fribourgeois.
Cela lui coûtera la vie.

La parution de la deuxième partie de « Léonard et Gertrude », en 1783, est contemporaine du décès, le 2 janvier,
de l'humaniste et professeur Johann Jacob Bodmer, au
Schönenberg, près de Zurich. Pestalozzi a été son étudiant
en 1754 au *Carolinum*. Le 7 février, le *Kantor* et pédagogue Johannes Thommen (1711-1783)* était inhumé à
Bâle. Sa contribution à l'hymnologie de caractère piétiste
a été de grande portée.

L'année 1786 est importante. De nombreuses personnalités pestalozziennes voient le jour : le 18 avril, le
compositeur Franz Xaver Schnyder von Wartensee*, à
Lucerne, le 27 du même mois, le pédagogue de la musique
Jean-Bernard Kaupert*, à Kleinhereth, en Franconie, et le
13 novembre, la fort intuitive pédagogue anglaise Sarah
Anna Glover*, à Norwich.

L'année suivante, la quatrième partie de « Léonard et
Gertrude » sort de presse. Johann Heinrich Egli* publie, à
Zurich, la seconde partie de ses patriotiques *Schweizer
Lieder*. Le 29 octobre, le *Don Giovanni* de Mozart est re-

---

[46] Ou dissolution de la vanité, dans le sens de *vanitas*, « vain », « men-
songe », « vide de sens ».

présenté en création à Prague. Il s'agit d'un événement considérable pour l'histoire de la musique. De son côté, le futur philosophe Johann Friedrich Herbart (1776-1841)* se produit dans des concerts privés en tant que pianiste et violoncelliste. Il jouera un rôle essentiel dans le développement de la pensée pédagogique musicale, enrichissant les idéaux et les idées de Pestalozzi en ce domaine.

Le compositeur Johann Jakob Walder (1750-1817)*, ami et collaborateur de Johann Heinrich Egli, éditait, à Zurich, sa *Anleitung zur Singkunst* («Méthode de l'Art du chant») en 1788. Ce traité de plus de cinquante *lieder* avec continuo est important pour ce qui concerne précisément l'enseignement de la musique à l'école. Il sera considéré, à juste titre, comme l'ouvrage méthodique le plus apprécié en Suisse alémanique tout au long du XIXe siècle. La même année, l'étonnant écrivain populaire Ulrich Bräker (1735-1798), surnommé «le pauvre homme du Toggenbourg[47]», publiait son œuvre la plus remarquable, *Lebensgeschichte und Natürliche Ebentheuer des Armen Mannes im Tockenburg* («Biographie et simple chère image du pauvre homme du Toggenbourg»). Ce vivant récit de caractère autobiographique sera accueilli avec un intérêt enthousiaste par ses contemporains.

L'année 1789 marque le début d'un processus difficile qui a fait dire à Pestalozzi :

> Je rêvai, nourris de grands espoirs, me trouvai trompé, regardai de nouveau autour de moi, trouvai mon erreur encore plus grande.

Les événements révolutionnaires ne manqueront pas d'influencer idéologiquement la musique qui se mettra au service d'un pouvoir dont les motifs ne relevaient que fort rarement de la recherche de l'harmonie. Un événement heureux se produit, toutefois, avec la naissance, le 27 juin, à Schnait, Wurtemberg, d'un futur défenseur de la pensée

---

[47] Non loin de St Gall et d'Appenzell.

pestalozzienne, le musicien allemand Philipp Friedrich Silcher*.

Entre 1790 et 1792, la seconde version de « Léonard et Gertrude » sera publiée. La place de la musique dans ce roman d'édification est renouvelée si on la compare à la version primitive (1781). Ainsi, l'instituteur Gluphi introduit-il le chant dans son enseignement. La dimension émotive, non purement utilitaire, de cette forme essentielle d'expression est naturellement associée à la souffrance de chaque individu, notion essentielle pour Pestalozzi[48]. La musique est, par excellence, un art de la consolation.

« La critique de la faculté de juger » *(Kritik der Urteilskraft)* de Kant était publiée en 1790. Nägeli* ne lira pas toujours cette pensée sans l'interpréter différemment sur le fond[49]. Heureusement, car le philosophe se trompait fort en ne considérant la musique que comme *jeu des sensations*, omettant, de la sorte, la valorisation du sens et du sentiment.

> Car bien qu'elle [la musique] ne parle que par pures sensations et sans concepts, et que par conséquent elle ne laisse pas derrière elle, comme le fait la poésie, quelque chose pour la réflexion, la musique émeut pourtant l'esprit d'une manière plus diverse et, quoique ce soit simplement de façon passagère, sur un mode néanmoins plus intime ; mais il est vrai qu'elle est davantage jouissance que culture (le jeu sur des pensées qui se trouve ainsi suscité parallèlement est simplement l'effet d'une association quasiment mécanique), et elle a, si on la juge selon la raison, moins de valeur que chacun des autres beaux-arts[50].

De surcroît, le philosophe séparait non sans ambiguïté beauté et morale alors que, à l'instar d'un Schiller ou d'un

---

[48] Michel SOËTARD (1981). *Pestalozzi ou la naissance de l'éducateur. Étude sur l'évolution de la pensée et de l'action du pédagogue suisse (1746-1827)*, p. 588.
[49] James GARRATT (2010). *Music, Culture and Social Reform in the Age of Wagner*, p. 34.
[50] Kant, *Critique de la faculté de juger – Analytique du Sublime –* Paragraphe 53.

Shaftesbury, par exemple, éthique et esthétique doivent se confondre. Pour Pestalozzi, « le beau a valeur morale »[51].

Le compositeur, musicographe et écrivain allemand Johann Friedrich Reichardt (1752-1814) écrit, en 1791, dans son *Musikalisches Kunstmagazin* sur « La musique sacrée à Zurich ». Son ton enthousiaste évoque la qualité de l'exécution des psaumes. Et de préciser :

> Bien souvent, assis en compagnie de paysans soit aux champs, soit au cabaret, quand je leur demandais une vraie chanson populaire, c'est un psaume à quatre voix qu'ils me servaient. Et qui ne connaît que notre chant à une voix si banal, si bâclé et si grinçant, ne peut se faire une idée de la solennité et de la force de ces exécutions à quatre voix par des centaines de personnes de tous les âges. Je me trouvais moi-même transporté dans un état d'âme inconnu, le cœur si plein et la poitrine si serrée, que je nageais dans les délices tout en versant d'abondantes larmes[52].

Il est vrai que malgré la résistance ancienne de Zwingli* au chant d'église, une véritable tradition chorale, pure, a pu s'épanouir après la Réforme et cela du fait que l'orgue a été délibérément banni. Intéressant paradoxe, en effet, particulièrement chargé de sens.

En 1792, l'année où Pestalozzi entreprend la rédaction de son texte relatif à la Révolution, *Ja oder Nein ?* (« Oui ou non ? »), le professeur de musique allemand Michael Traugott Pfeiffer (1771-1849)* arrive en Suisse. Il s'installe à Soleure où il sera membre de l'administration cantonale (1800/1803), puis secrétaire du préfet national. Dans le même temps, il lira avec le plus grand intérêt les textes de Pestalozzi. Cette même année, le pasteur allemand Bernhard Christoph Ludwig Natorp (1774-1846)* étudie la théologie à Halle, la ville des Piétistes, et le 8 janvier, le musicien américain Lowell Mason* voit le jour

---

[51] Édouard GARO (1985). *L'enseignement et la musique à l'école selon Pestalozzi*, pp. 1-38. In *Pestalozzi, l'enfant et la musique*, p. 36.
[52] Paul BUDRY (sous la dir. de) (1932). *La Suisse qui chante*, p. 150.

à Medfield, dans le Massachusetts. Ultérieurement, ces deux personnalités auront à jouer, singulièrement, un rôle dans le développement des conceptions musicales de Pestalozzi. Le grand philosophe allemand Johann Gottlieb Fichte (1762-1814), futur auteur de « La Théorie de la science[53] » (1794, 1801, 1804), interviendra dans la vie de Pestalozzi, en 1793, tandis que Herbart*, déjà cité, ira étudier auprès du premier, à Iéna, dès l'année suivante. Il finira par s'éloigner, en partie, des conceptions de son professeur.

Entre-temps, en 1792, la France, anticipant la Terreur, exaltant son anti-cléricalisme viscéral, inaugurant le culte de l'Être Suprême prôné par Robespierre, supprime délibérément les quatre cents maîtrises subsistantes. Cette décision ne sera pas sans funestes conséquences sur la place de la musique et de son enseignement dans ce pays.

Dans un espace relativement préservé, le théologien et folkloriste Philippe-Sirice Bridel (1757-1845)* écrit, en 1793, à propos des *Schweizerlieder* de Lavater* :

> La Suisse allemande doit beaucoup [...] à la Société helvétique, puisque c'est dans son sein que Lavater a pris le dessein de faire ses belles et utiles chansons nationales – que n'avonsnous aussi pour la Suisse française, quelque bon citoyen qui voulut travailler à substituer aux chansons bêtes ou sottisières qui souillent la bouche du peuple, des chants propres à conserver le souvenir des anciens exploits de nos Pères, à retracer l'image de leurs antiques vertus, à consacrer l'amour des lois, le respect pour les mœurs, les louanges de l'agriculture, les nœuds de la confraternité et le sentiment de la félicité publique, dont jouit cet heureux pays ![54]

En effet, il s'agit d'un éternel problème.

Hans Georg Nägeli* fonde une maison d'édition, à Zurich, en 1794. Dans le même temps, le contexte politique

---

[53] *Wissenschaftslehre.*

[54] Cité par Loïc CHALMEL (2012). *Pestalozzi : entre école populaire et éducation domestique. Le prince des pédagogues, son fils et Mulhouse*, p. 51.

est tendu. Un mouvement de protestation non violent contre le gouvernement zurichois est mené par des patriotes de l'élite campagnarde, à Stäfa, dans le Canton de Zurich. Mais la réaction disproportionnée du gouvernement zurichois transformera l'événement en un mouvement populaire jusqu'en 1795. Pestalozzi et Lavater* auront à intervenir afin d'éviter des exécutions capitales. Le Bâlois Jacob Christoph Kachel* s'éteignait le 24 mars après avoir consacré sa vie à l'épanouissement de l'éducation musicale.

La pensée et la réflexion de Pestalozzi, dense, se concrétiseront en 1797 dans le livre longuement intitulé *Mes recherches sur la marche de la nature dans le développement du genre humain*. Le chant[55] et l'éducation s'y harmonisent à partir d'une véritable éthique. Nous y retrouvons l'idéal antique jadis prôné par les Grecs. Pestalozzi avait déjà précisé dans *Die Methode* :

Lorsque nous examinons de plus près ce qu'est à proprement parler le chant pour notre race, nous voyons bientôt que c'est l'expression de la gaîté que nous inspire la jouissance de la nature sensible qui nous entoure. Il est, indépendamment du son proféré et du son articulé, l'expression de ma force intérieure et de la conscience que j'ai intérieurement de moi-même, en aucun cas la conséquence d'une perception extérieure ; ce n'est donc pas en lui-même, mais en tant qu'il est lié au son proféré et au son articulé, qu'il est soumis aux lois mécaniques par lesquelles notre esprit s'élève des perceptions confuses aux concepts distincts. Le chant est à proprement parler un arrêt momentané de ma recherche *[meiner forschenden Kraft]* au profit de ma nature sensible *[meiner fühlenden Natur]* ; c'est un moment de ravissement dont la nature nous offre la jouissance, avec l'harmonie des sons, dans le tréfonds de notre sensibilité. Mais il présuppose que le soleil de la perception élevée et noble de la nature ait déjà percé le brouillard de sa perception animale.

---

[55] Michel SOËTARD (1981). *Pestalozzi ou la naissance de l'éducateur. Étude sur l'évolution de la pensée et de l'action du pédagogue suisse (1746-1827)*, pp. 369-370.

En tant que son proféré et son articulé, le chant est absolument soumis aux lois mécaniques de la perception sensible. De même que le son animal m'apprend à parler, ainsi que le chant des oiseaux m'apprend à chanter. Mais de même aussi que je me suis élevé, par l'avantage de ma nature humaine, de l'imitation des sons animaux jusqu'au langage humain formé, ainsi je m'élève, par l'imitation du chant animal, au chant humain supérieur[56].

La lecture de ce texte, aujourd'hui, ne peut que nous impressionner par sa lucidité et sa capacité émotive si l'on exclut l'ambiguïté de l'affirmation « le chant est absolument soumis aux lois mécaniques », ce qui pourrait sembler contredire les phrases précédentes. Pour autant, au XXe siècle, les apports de la psychologie des motifs de Paul Diel* confirmeront largement cette anticipation de la connaissance. Elle sera également développée par des pédagogues de valeur tels qu'Edgar Willems* ou des théoriciens et musiciens comme le chef d'orchestre Ernest Ansermet*. Examinons déjà d'un peu plus près les principaux concepts. D'abord, le chant (άιοδή). Avant toute parole, il y a le chant qui l'amplifie. Chez Homère, il est réservé aux Muses qui inspirent l'aède. Il est la manifestation, par excellence, de l'émotion. Le chant est le moyen, pour l'homme, d'exprimer ses sentiments différenciés à partir de ces deux états d'âme que sont la joie et la tristesse. Dans ses *Confessions*, saint Augustin attestait de façon pertinente :

De fait, nous n'émettons pas, en avance d'un temps et à part du chant, les sons dépourvus de toute forme pour en former, d'un temps en retard, l'air où nous les ajustons et pour les modeler, comme quand on fabrique avec du bois un coffret ou avec de l'argent un gobelet ; ces matières-là précèdent, en effet, d'un temps la forme des objets qu'elles servent à faire. Il n'en va pas de même du chant. Quand on chante, on entend le son du chant : il n'y a pas un son premièrement sans aucune forme, et

---

[56] Cité par Michel SOËTARD (1985), *L'évolution de la place et du rôle du chant dans l'œuvre de Pestalozzi*, pp. 46-47.

qui prend ensuite la forme du chant. Dès qu'il y a, en effet, quel qu'il soit un premier son, c'est chose qui passe, vous n'en retrouverez rien que vous puissiez reprendre et combiner selon les règles de l'art. Ainsi le chant pivote sur le son qui le constitue ; le son en est la matière. Oui, c'est le son tel quel qui prend forme pour qu'il y ait chant. Voilà pourquoi, comme je disais, la matière sonnante a priorité sur la forme chantante. Priorité non pas de pouvoir efficient : le son, loin d'être l'artisan du chant, dépend par le corps de l'âme du chanteur ; il lui sert à faire le chant. Priorité, non plus, de temps : son émission va de pair avec le chant. Priorité, non plus, de choix : il n'y a pas lieu de préférer le son au chant, puisqu'il n'y a chant qu'autant qu'il y a son, et même son en pleine beauté. Mais priorité d'origine : ce n'est pas le chant qui prend forme pour qu'il y ait son, mais le son pour qu'il y ait chant.
(ma citation SVI / 34.

Le son, que Pestalozzi traitera, en 1801, dans la septième lettre de « Comment Gertrude instruit ses enfants »[57], est le concept qui nous intéresse de prime abord et plus précisément le *tune*[58], mot anglais fondamental pour comprendre en quoi consiste la mélodie naturelle, non composée, directement, spontanément expulsée de l'intuition, de l'imagination. L'accent, l'inflexion ancrés dans l'émotion joueront un rôle essentiel dans la production du *tune*, donc du « ton », dans son déploiement, par la qualité et la sincérité de sa créativité, de la puissance de son imagination. Appartenant, de même, à la sphère des sentiments et des sensations, il est d'abord un symbole dont la « signification » *(Bedeutung)*[59] est cachée. Le psychologue français Maurice Pradines (1874-1958) affirme que tout le dynamisme de la vie pénètre dans le son :

---

[57] Johann Heinrich PESTALOZZI (1801, 1985). *Comment Gertrude instruit ses enfants*, pp. 125 et suiv.

[58] Imogen HOLST (1962). *Tune*. London : Faber and Faber.

[59] Selon l'acception proposée par l'historien et philosophe allemand Wilhelm Dilthey (1833-1911).

[Il est] capable de refléter l'ensemble d'une culture ou d'une individualité[60].

Dans une lettre du 2 août 1924, adressée à Max Brod (1884-1968), le compositeur morave Leoš Janáček (1854-1928)*, fin psychologue, va encore plus loin :

> Et moi je dis qu'un son pur ne signifie rien tant qu'il n'est pas enfoncé dans la vie, dans le sang, dans le milieu. Sinon, il n'est qu'un jouet sans valeur.

Les Chinois anciens en ont aussi donné une juste et poétique définition :

> Si une note se produit, c'est dans le cœur humain qu'elle a pris naissance. Si le cœur humain est ému, c'est par l'action des objets. Sous l'impression des objets, il s'émeut, et son émotion se manifeste par des sons. Les sons se répondent entre eux, ce qui donne lieu à des différences[61]. C'est lorsqu'ils présentent ces différences qu'ils prennent le nom de notes[62].

Il convient donc de se poser la question fondamentale : d'où vient-il que le son existe ? Est-il indépendant de mon psychisme ou en fait-il partie ? Le mythe affirme énigmatiquement :

> c'est *comme si* le son était le créateur du monde.

Prononcer ou entonner un son, c'est rééditer l'acte premier du Créateur. Ainsi, dans le premier chapitre de la Genèse, verset 3, où il est écrit « Et Dieu dit », répété neuf fois. Autrement dit, la *cause première* qui se manifeste par un son primordial, le Verbe de l'Univers. Il résume, en lui-même, le *souffle créateur*, la manifestation, par excellence, de la divinité-symbole, l'Univers manifesté. Le son, excitant, crée en soi une excitation laquelle se manifeste

---

[60] Maurice PRADINES (1946). *Traité de psychologie générale*, tome II, p. 258.
[61] Loi de différenciation-intégration.
[62] *Mémorial de la musique*, Yŏ kì.

(1) Non, c'est en raison de l'excitabilité. Les objets sont la cause éventuelle acciden- telle mais l'excitabilité en la cause éventuelle

par une émotion d'où le lien dont la *cause première* psychique est inexplicable. Cette émotion peut être satisfaisante ou insatisfaisante, agréable ou désagréable, ce que Rousseau* n'avait pas entièrement saisi dans sa définition par trop restrictive : *Art de combiner les Sons d'une manière agréable à l'oreille*[63]. Le son est l'excitant extérieur et constitue, de ce fait, une dualité complémentaire avec la psyché excitable (intérieure). Un son éveille un mode. En émettant, en entonnant un *son*, l'homme primitif était déjà soumis aux trois dualités – complémentaire, antithétique et ambivalente –, tout en « tissant » une relation entre sa psyché et le monde extérieur, à partir du lien entre son désir essentiel et ses désirs multiples ou accidentels (multiplicité relative au déploiement horizontal et vertical du langage musical). Leur nécessaire réalisation constitue la source des motifs du chanteur lesquels s'incarnent dans un « son central[64] » (« Père », finale, tonique, etc.) lui-même générateur d'autres sons qui dépendront de lui, en harmonie ou en conflit. Lorsque l'homme crée, forge ses premières expériences sonores à partir de ce « son central », pôle essentiel, source fécondante de sa production sonore (son et mot articulés), il déploie progressivement sa créativité hymnologique à travers la charpente, elle-même évolutive, d'une « Trinité sonore » à fondement mythique. Celle-ci est présente, en lui, surconsciemment, dès son « apparition ». C'est « comme si » elle exprimait musicalement le *mystère de l'existence entière et de son déploiement évolutif aboutissant à l'apparition de l'espèce pensante*[65]. Le son, considéré comme pur objet spatio-temporel, est étudié par les tenants post-ramistes de l'acoustique qui, en général, ne se posent pas la question « d'où vient-il que quoi ce soit existe ? » Ils répondent que

---

[63] *Dictionnaire de musique*, article « Musique ».

[64] Concept du musicologue allemand Walter Wiora (1906-1997).

[65] Paul DIEL (1971). *La divinité. Le symbole et sa signification*, p. 129.

le son existe depuis toujours. Or, avec le psychologue autrichien Paul Diel*, nous répondons que nous n'avons aucune expérience d'un objet spatio-temporel qui existerait depuis toujours. Les physiciens matérialistes du son refusent de faire intervenir l'imagination et son pouvoir concrétisant. Le son n'existe, en réalité, que relativement à la manière de percevoir de l'homme. Il n'est pas une matière inerte qui n'existe pas. Il est pénétré d'un immanent esprit organisateur. Cette approche se fonde à partir de deux conceptions. La première, celle de l'empirisme perceptif, est fausse. Diel précise qu'il

> n'est pas une théorie. Il repose sur un constat – en apparence évident – nous persuadant que le monde existe tel que nos organes de perception nous le présentent[66].

La seconde se réfère à l'idéalisme perceptif,

> théorie émise par le criticisme philosophique [qui] s'oppose à l'empirisme perceptif en se fondant sur une autre évidence d'après laquelle le monde perçu dépend de la spécificité des organes perceptifs[67].

Autrement dit, le son est pur esprit matérialisé car il fait partie du monde objectal perçu par l'homme et se reflète objectivement dans sa pensée, parce qu'il est l'objet légalement complémentaire du sujet pensant. Il revêt un aspect modal et un aspect mystérieux. Sa cause est inexplicable au raisonnement, transcendante à la raison. Il est une réalité perceptivement et émotivement vécue. De son côté, l'anthroposophe autrichien Rudolf Steiner (1861-1925), à l'instar de Schopenhauer*, affirmait que

> le son musical est une expression directe de la volonté.

Il n'y a pas de hauteur absolue du son, c'est une vue de l'esprit qui, malheureusement, a guidé les travaux de

---

[66] Paul DIEL (1973). *La peur et l'angoisse*, p. 89.
[67] *Ibid.*

nombre de musicologues matérialistes ce que, précisément, Pestalozzi n'était pas.

L'accent, l'inflexion ancrés dans l'émotion joueront un rôle essentiel dans la production du « ton », dans son déploiement, par la qualité et la sincérité de sa créativité, de la puissance de son imagination. Il implique ainsi un jeu de modulations internes qui renvoie, également, à l'essentiel concept de « mode » complètement ignoré et par Nägeli* et par Pestalozzi, de même que l'oralité. Ancré dans la multiplicité infinie des « motifs », il se réfère à une succession mélodique de notes conçue avec « sens » *(Bedeutung)* ; leurs relations internes revêtant un caractère unificateur.

Deux événements contradictoires vont se dérouler en 1797. D'une part, l'organisation, sur les bords du lac Léman, de *La Fête des Vignerons* par la Confrérie des Vignerons de Vevey ; d'autre part, la terrible invasion du Pays de Vaud par les Français. Les cinq prochaines années seront placées sous la férule impitoyable du jacobinisme. Cette parenthèse ne se fera pas sans résistances diverses car les Vaudois entendront accéder à la liberté au sens assez luthérien qu'en a donné Benjamin Constant (1767-1830). Ils tenaient à s'affranchir de la tutelle bernoise sans pour autant tomber sous celle des Français. C'est précisément dans le même temps que des personnages tels que le Nantais Pierre Ochs (1752-1821), membre de la Société helvétique, et Frédéric-César de La Harpe (1754-1838), entre autres, travaillent au renversement de la Confédération.

Entre 1797 et 1800, Herbart* sera précepteur à Interlaken, dans le Canton de Berne. C'est alors que la pensée de Pestalozzi aura un effet profond sur ses propres théories de l'éducation.

L'année 1798 marque effectivement un tournant difficile. Le contexte historique et psychologique est troublé par les débuts de la fort jacobine et instable République helvétique « née au milieu des orages » et qui passera « sa vie dans la tempête »[68]. Elle n'aura de cesse de lutter contre la résistance des cantons montagnards. Les Français occupent le Pays de Vaud, Soleure et Fribourg alors que la chute de Berne, le 5 mars, marque l'écroulement de l'ancienne Confédération. L'historien suisse William Martin (1888-1934) a fort bien résumé la situation dans sa remarquable *Histoire de la Suisse : essai sur la formation d'une confédération d'États* (1926) :

> [...], la révolution suisse n'a pas été spontanée. Nos historiens ont parfois établi une symétrie entre la crise de la Réforme et celle de la Révolution. Cette comparaison est superficielle. La Réforme est sortie de nos entrailles. Les influences étrangères n'y ont joué presque aucun rôle. Au contraire, la Révolution a été importée en Suisse par les émissaires d'abord, puis par les armées de l'étranger. Nulle part, des troubles sérieux n'ont éclaté avant l'arrivée des troupes françaises. Les gouvernements aristocratiques n'ont pas été renversés par leurs sujets[69].

Dans un autre registre de la pensée, 1798 correspond à une éclosion essentielle de la culture romantique avec la publication des *Lyrical Ballads* des poètes anglais William Wordsworth (1770-1850) et Samuel Taylor Coleridge (1772-1834). Dans le même temps, Joseph Haydn (1732-1809), riche de ses expériences anglaises, fait exécuter son bel oratorio *Die Schöpfung* et Johann Friedrich Rochlitz (1769-1842)* se charge de la rédaction de la fameuse *Allgemeine musikalische Zeitung*[70] publiée, à Leipzig, par Breitkopf & Härtel, à laquelle Nägeli* collaborera intensément.

À la fin du mois de décembre 1798, Pestalozzi part pour Stans, dans le Canton de Nidwald, afin de s'occuper

---

[68] Henri MEYLAN (sous la dir. de) (1973). *L'Histoire vaudoise*, p. 166.
[69] William MARTIN (1966). *Histoire de la Suisse*, p. 168.
[70] Revue publiée chaque semaine entre 1798 et 1848. Ernst Theodor Amadeus Hoffmann (1776-1822) y a notamment publié sa célèbre analyse de la 5ᵉ Symphonie de Beethoven.

des orphelins de guerre et d'un « peuple brisé physiquement »[71]. Le 9 septembre, « Jour d'horreur », les Français avaient brutalement brisé l'ultime sursaut en massacrant les habitants de ce village, femmes, vieillards et enfants. Mais la résistance s'opère. Ainsi, épouvanté par ces événements, Gottlieb Jakob Kuhn (1775-1849)* s'emploie, alors qu'il est suffragant à Sigriswil (1799/1806), à raviver les anciennes traditions populaires bernoises. Ses poésies en dialecte, qu'il met lui-même en musique, telles *Ha amen Ort es Blüemli gseh* et *Der Ustig wott cho*, connaîtront d'authentiques succès populaires. À Stans, dramatiquement, Pestalozzi a fait face à beaucoup de souffrance et d'incompréhension dans ce territoire catholique qui voyait d'un mauvais œil un Protestant intervenir de la sorte. Pourtant, l'expérience sera salutaire malgré de profondes blessures intérieures comme en témoignera l'émouvante « Lettre à un ami sur mon séjour à Stans » *(Brief an einen Freund über meinen Aufenthalt in Stans)* de laquelle j'extrais cette belle définition :

> La mémoire, en saisissant une mélodie et des chansons, développe dans l'âme un sens de l'harmonie et des sentiments élevés. Il existe donc un art qui permet de préparer par la seule mémoire, d'une manière générale et avec sûreté, les enfants à toute forme d'expérience de l'esprit[72].

Les épreuves dureront pendant six mois, soit de janvier à juin 1799. En octobre, Pestalozzi se retrouvera à Burgdorf [Berthoud], dans le Canton de Berne. Il y travaillera jusqu'en 1804. Pendant ce temps, Bonaparte (1769-1821) devenait Premier consul. Des troupes russes et autrichiennes combattaient sur le sol suisse l'occupant français. Les révoltes contre le gouvernement helvétique surgissaient ici et là. Et, pour ce qui concerne notre sujet, le programme

---

[71] Michel SOËTARD (1981). *Pestalozzi ou la naissance de l'éducateur. Étude sur l'évolution de la pensée et de l'action du pédagogue suisse (1746-1827)*, p. 568.
[72] Johann Heinrich PESTALOZZI (1799, 1985). *Lettre de Stans*, p. 55.

de l'enseignement musical vaudois portait exclusivement sur le chant des psaumes. Le chant à plusieurs voix était un fait exceptionnel dans les écoles du Pays de Vaud, ce qui semble révélateur d'un certain état d'esprit et non seulement de capacités techniques. L'influence peu féconde en ce domaine de Jean Calvin (1509-1564) n'y est certainement pas étrangère malgré les louables efforts du Réformateur Pierre Viret (1511-1571) en matière de musique à Lausanne.

Des personnages importants vont entrer dans la vie de Pestalozzi. Herbart*, déjà cité, lui rend visite en 1799. En 1800, Hermann Krüsi (1775-1844) accompagne un groupe d'enfants à Burgdorf où il fait sa connaissance. Cette rencontre marque le début d'une longue collaboration. Le jeune Johannes Ramsauer (1790-1848) devient l'un des élèves de Pestalozzi. Son témoignage ultérieur sera aussi précieux que touchant[73].

À cette époque, Nägeli* cultive une relation professionnelle avec Beethoven. Elle nous intéresse non seulement dans la mesure où il s'agit de deux éminentes figures de la musique européenne dite « romantique » mais aussi en ce qui concerne leurs préoccupations respectives en matière de pensée musicale sur le fond et le contenu, et non seulement pour ce qui concerne les questions de forme. Le caractère de Beethoven ne facilitera pas toujours leur communication. C'est ainsi que l'on peut distinguer différentes époques dans les échanges entre les deux hommes. La première couvre les années 1800/1804.

En 1801, Pestalozzi a la douleur de perdre son fils Hans Jakob, « Jaqueli », âgé de trente et un ans. Il a cependant la force de livrer l'un de ses documents les plus fondamentaux sous la forme de quinze lettres adressées à son ami l'éditeur Heinrich Gessner (1768-1813), « Comment Ger-

---

[73] Johannes RAMSAUER, Jacqueline CORNAZ-BESSON (1994). *Dans l'amitié de Pestalozzi (Im Bannkreis Pestalozzis).* Yverdon-les-Bains : Éditions du Centre de documentation et recherche Pestalozzi.

trude instruit ses enfants » *(Wie Gertrud ihre Kinder lehrt)*. Dans la septième lettre, Pestalozzi s'exprime sur un sujet fondamental, le son, déjà évoqué. Avant l'*Étude des mots*, il consacre quelques lignes judicieuses au « sons chantés » :

> Après avoir évoqué les sons parlés, je devrais maintenant dire un mot de l'étude des sons chantés. Mais comme le chant proprement dit ne peut être considéré comme un moyen de faire passer des perceptions confuses aux concepts distincts, qu'il ne peut donc figurer au nombre des moyens d'enseignement dont je parle maintenant, mais qu'il constitue plutôt un talent qu'il s'agit de développer en fonction d'autres considérations et pour d'autres buts, je renvoie l'étude de ce sujet aux réflexions que je me suis réservé de présenter plus tard sur l'ensemble de l'éducation, et je me contenterai de faire ici une remarque : l'enseignement du chant doit se conformer aux règles générales et commencer par le plus simple, le faire assimiler parfaitement et ne progresser que peu à peu d'une connaissance parfaitement acquise à un exercice nouveau, en évitant absolument, par une apparence de raideur qui ne serait pas fondée, de paralyser la force dans ses éléments essentiels et d'en troubler l'activité[74].

Pestalozzi savait consciemment ce qu'il en est lorsqu'il s'intéresse psychologiquement aux inflexions de la voix, au chant communautaire et à l'individualité vocale tout en privilégiant particulièrement cette dernière[75].

À la même époque, l'activité de Nägeli nous intéresse spécialement, notamment ses appréciations et ses réflexions. Ainsi écrit-il dans l'*Allgemeine Musikalische Zeitung* :

> S'il vient un jour où la musique soit, sinon étudiée par tout un chacun – qui oserait formuler un rêve aussi irréaliste ? –, du moins pratiquée par une majorité de gens, par ceux qui cherchent en elle une 'récréation' plus noble pour restaurer leur

---

[74] Johann Heinrich PESTALOZZI (1801, 1985). *Comment Gertrude instruit ses enfants*, p. 130.
[75] Voir la note 58 de Michel Soëtard in Johann Heinrich PESTALOZZI (1801, 1985). *Comment Gertrude instruit ses enfants*, p. 130.

humanité, par des gens en nombre supérieur à celui des individus frustes, abattus ou obtus, alors tout se décantera, et en
particulier les Allemands, qui souvent, pour l'instant, galvau-
dent sans but les aptitudes immenses qu'ils ont précisément
pour cet art, atteindront, voire certainement dépasseront, grâce
à leur formation, le niveau auquel s'étaient élevés, favorisés
par la nature, les Italiens d'autrefois[76].

La conception platonicienne du musicien zurichois apparaît sans conteste. Son esprit critique n'est pas en reste.

En 1802, le général suisse Andermatt fait bombarder
Zurich, le gouvernement helvétique est expulsé tandis que
Nägeli* publie ses *Musikalische Kunstwerke im strengen
Stile* où il fait connaître des partitions de Johann Sebastian
Bach alors ignorées. Il s'agit des *Six Sonates* pour orgue,
BWV 1014/1019a (1717/23). Le 7 janvier de la même
année, le musicien américain Elam Ives Jr.* voit le jour à
Hamden, dans le Connecticut. Nous retrouverons cette
personnalité dans les pages qui suivront.

La même année, Johann Friedrich Herbart*, aussi sensible à l'éthique qu'à la psychologie dont il est un
remarquable précurseur, écrit à propos du stage qu'il a
effectué chez Pestalozzi :

> Une douzaine d'enfants de cinq à huit ans furent convoqués à
> l'école à une heure inhabituelle de la soirée ; je craignais de les
> trouver de mauvaise humeur et de voir échouer l'expérience
> que j'étais venu observer. Mais les enfants vinrent de très bon
> gré, et une activité animée se poursuivit régulièrement jusqu'à
> la fin.

Il publie, dans le même temps, *Pestalozzis Idee eines
ABC der Anschauung* (« L'idée d'un ABC de l'intuition
de Pestalozzi »).

À l'université de Iéna, Friedrich Wilhelm Joseph von
Schelling (1775-1854) prononce ses passionnantes confé-

---

[76] Cité par Ulrich ASPER (1994), *Hans Georg Nägeli : Réflexions sur
le chœur populaire, l'éducation artistique et la musique d'église*,
p. 16.

rences intitulées « La philosophie de l'art »[77] dans lesquelles il propose de fort stimulantes définitions de la mélodie, du rythme et de l'harmonie.

Sur un plan politique, 1803 constitue une étape essentielle avec l'Acte fédéral de Médiation qui rétablit la Diète et les anciens cantons tout en en fondant de nouveaux tels ceux d'Argovie, de Thurgovie, des Grisons, du Tessin, de Saint-Gall et, surtout de Vaud, dans le cadre de la Confédération Helvétique. Le retour au calme intérieur, bienfaisant, correspond, pour le Canton de Vaud à la progressive prise de conscience de son indépendance. « Liberté et Patrie » inspirent, pour la première fois, des chants de caractère typiquement vaudois tel que l'hymne attribué au colonel Samuel Rochat (1783-1861) qui date, peut-être, de ce moment.

De son côté, en avril, Nägeli* commence à éditer la musique de Beethoven avec les deux premières Sonates de l'op. 31. La onzième et dernière édition de *Musicalisches Halleluja Oder Schöne und geistreiche Gesänge* de Johann Caspar Bachofen (1695-1755)* clôt une époque importante de l'histoire du *Gesangbuch* réformé d'inspiration piétiste.

Arthur Schopenhauer* visite Burgdorf où il est fort impressionné par la pédagogie vécue. Cette rencontre est d'autant plus intéressante que le philosophe se faisait une haute idée de la musique comme en témoigneront, en 1819, les riches réflexions de son traité *Die Welt als Wille und Vorstellung* (« Le monde comme volonté et représentation »). À la même époque, Pestalozzi est secondé par le très intellectuel Johannes Niederer (1779-1843), ce après plusieurs rencontres et des années de correspondance. Ce dernier travaillera quatorze ans dans les instituts de Burgdorf, Münchenbuchsee et Yverdon, avant une dramatique rupture en 1817. Pestalozzi divergera puis se fâchera, au

---

[77] Friedrich Wilhelm Joseph von SCHELLING (1802, 1999). *Philosophie de l'art.*

début de 1805, avec le pédagogue et agronome Philipp Emanuel von Fellenberg (1771-1844), maître du petit château de Wilhof. Finalement, il recevra une lettre de la Ville d'Yverdon l'invitant à s'établir dans le tout nouveau Canton de Vaud. Kant s'éteignait à Königsberg le 12 février 1804. Son empreinte évidente sera toutefois affectée par sa position ambiguë sur l'importance à attribuer à la musique. Le 2 décembre de la même année, Napoléon se fait couronner empereur ce qui provoquera la rage de Beethoven. Le compositeur allemand Anton Heinrich Liste (1772-1832)* s'établit à Zurich où, sur la recommandation de Nägeli, il est nommé directeur musical de la Société générale de musique (jusqu'en 1807) tout en exerçant les métiers de chef d'orchestre, pianiste, professeur de piano et de chant. Johannes Kehrli (1774-1854)* est nommé instituteur à Brienz, dans le Canton de Berne, où il encourage la pratique du chant à l'école. Cette même année Pestalozzi s'installe à Yverdon. Les autres professeurs le rejoindront l'année suivante entre mai et juillet. Parmi eux, Joseph Gersbach (1787-1830)* dont l'objectif sera de mettre en perspective les principes de Pestalozzi et la musique notamment dans son application scolaire. Dans le même temps, Michael Traugott Pfeiffer* enseigne à Lenzburg, en Argovie. Il fonde au château un institut d'éducation qui se transforme en Centre musical. Sa pédagogie est fondamentalement pestalozzienne lorsque, par exemple, il considère que l'approche des sons doit se faire avant celle de leur notation. Pourtant, sa détermination à séparer les éléments du langage musical mérite d'être examinée sinon critiquée. Il pense que le sens rythmique chez l'enfant est beaucoup plus développé que sa capacité mélodique. Cette assertion me semble psychologiquement discutable. Était-il indirectement influencé par la philosophie de l'art de Schelling pour lequel le rythme est l'élément réel, l'harmonie, l'élément idéal et la mélodie, la synthèse des deux précédents ?

De son côté, Nägeli crée, à Zurich, son fameux *Singins-titut*, un chœur mixte amateur qui chante son propre répertoire. Ce faisant, il se démarquait de la conception berlinoise, « aristocratique », de son confrère Carl Friedrich Zelter (1758-1832)* en adoptant une forme « démocratique ». Il contacte Pestalozzi dont la conception pédagogique et les vues sur la nature humaine l'influenceront durablement. En concurrence et en résonance, également à Zurich, Anton Heinrich Liste fonde le *Listesche Singinstitut*.

En janvier 1805, Johann Christoph Buss (1776-1855)* quitte Pestalozzi pour occuper un poste de professeur à Burgdorf où il enseignera notamment la musique.

Un événement important a lieu, toujours en 1805. Il s'agit de la première fête de bergers des Alpes d'Unspunnen, Interlaken, initiée, entre autres, par Gottlieb Jakob Kuhn (1775-1849)* et mise en scène par Niklaus Friedrich von Mülinen (1760-1833)*. Alors curieusement fort peu pratiqué, le cor des Alpes était remis à l'honneur. Le vainqueur du concours se voyait couronné roi de la fête. À cette occasion, l'éditeur Franz Sigismund Wagner (1759-1835) publiait le recueil *Acht Schweizer Kühreihen, mit Musik und Text*. Cette émouvante et belle célébration était l'heureuse contrevalorisation d'une époque déprimante sur le plan politique. Madame de Staël l'a fort bien décrite :

Alors que les spectateurs présents attendaient fiévreusement, on entendit dans le lointain approcher le majestueux cortège, tout entier consacré à l'exaltation du passé. Une musique agréable l'accompagnait. À la tête des paysans marchaient les dirigeants ; les jeunes paysannes avaient revêtu les anciens et pittoresques atours de leurs cantons. En tête du cortège venaient les hallebardes et les bannières de chaque vallée, portées par des hommes aux tempes grises, vêtus comme il y a cinq siècles, au temps du serment du Grütli. Une profonde émotion s'emparait de l'âme à la vue de ces magnifiques drapeaux portés par des hommes d'âge. Les temps anciens étaient illustrés par des hommes, si vieux par rapport au présent mais si jeunes par rapport aux siècles écoulés. La calme résolution qui en émanait était le reflet de leur droiture et de leur probité. Au milieu de ces joyeuses festivités, nos yeux s'emplissaient de larmes comme dans ces jours, à la fois heureux et mélancoliques, où nous fêtons la guérison de ceux qui nous sont chers[78].

Pestalozzi n'aurait certainement pas renié une telle description. En ce temps-là, son équilibre psychologique laissait pourtant à désirer. Quelques personnalités opposées à la Révolution voyaient en lui un athéiste sans comprendre que son adhésion française était fort limitée par sa conception des valeurs essentielles de la vie. Pédagogue hors normes, il était un penseur libre au sens paulinien et luthérien du terme. Son esprit, étranger à toute forme de dogmatique, spiritualiste ou matérialiste, était empreint de religiosité. En témoigne, avec force, ce texte moins connu de 1805, « Intellect et cœur dans la Méthode » *(Geist und Herz in der Methode)*. Deux extraits relatifs à la « formation esthétique » méritent, dans le contexte de ce livre, d'être cités :

De même que la formation esthétique, artistique et professionnelle et chacune de ses branches particulières doivent respecter le but de la formation générale de l'homme, à savoir le véritable ennoblissement intérieur, de même tous les moyens qu'elles utilisent doivent être en complète harmonie avec ceux de la formation intellectuelle et morale[79]. [...]
Il n'existe pas de vraie formation esthétique, artistique ou professionnelle qui ne concorde avec la vérité élémentaire, celle de la formation intellectuelle et morale, qui par conséquent ne s'appuie et ne fonde tous ses moyens sur ce qu'il y a de noble et de divin dans notre nature, qui par conséquent ne soit bâtie sur l'enseignement de Jésus-Christ dans tout ce qu'elle accom-

---

[78] Peter F. KOPP, Beat TRACHSLER, Niklaus FLÜELER (1983). *La Suisse aux Couleurs d'autrefois*, p. 64.
[79] Johann Heinrich PESTALOZZI (1805, 2008). *Intellect cœur dans la Méthode*, p. 98.

plit devant l'élève, dans tout ce qu'elle exige de lui, dans tout ce qu'elle lui montre, quand elle l'amène à désirer le meilleur de ce que sa nature est capable tout en s'efforçant de l'organiser à cette fin[80].

La valorisation du « véritable ennoblissement intérieur » montre à quel point Pestalozzi a compris, nonobstant Kant, l'importance de ne pas séparer beauté et morale.

À l'automne 1805, le futur créateur du *Kindergarten*, Friedrich Wilhelm August Fröbel (1782-1852)*, effectue son premier séjour à Yverdon. À la même époque, le remarquable théologien et pédagogue de Leipzig, Friedrich Wilhelm Lindner (1779-1864)*, adepte de Pestalozzi, écrit pour l'*Allgemeine Musikalische Zeitung* l'article *Über den Gesang in der Bürgerschule zu Leipzig*. Toutes ces démarches sont inhérentes à une réflexion en profondeur sur le devenir de l'enfant et sur la place de la musique au sein de la communauté chrétienne.

Le musicien allemand Philipp Friedrich Silcher (1789-1860)* poursuit sa carrière pédagogique, en 1806, à Fellbach, près de Stuttgart, auprès du remarquable *Schulmeister* Nikolaus Ferdinand Auberlen (1755-1828). L'année suivante, il obtient un emploi de précepteur, à Schorndorf, chez Joseph Friedrich von Berlichingen (1759-1832).

Entre-temps, la pensée pédagogique de Pestalozzi commence à être valorisée de l'autre côté de l'Atlantique. Au mois de juin 1806, un article lui était consacré dans le *National Intelligencer*. L'Alsacien Joseph Nicholas Neef (1770-1854) sera son premier disciple à s'établir en Amérique[81]. Il avait notamment enseigné la musique, la gymnastique et le français à Burgdorf.

---

[80] *Ibid.*, p. 99.
[81] James A. KEENE (1987). *A History of Music Education in the United States*, p. 86.

En 1808, Johann Georg Gustav Tobler (1769-1843)*, frère de Johann Heinrich*, quitte Pestalozzi. En revanche, les deux sœurs Maria Theresa (1775-1861) et Josephine (1779-1821) Brunsvik, proches de Beethoven, arrivent à Yverdon où elles resteront six semaines. D'une certaine façon, elles tisseront la relation indirecte entre Beethoven et Pestalozzi. Nägeli* entreprend alors la publication de ses vigoureux et patriotiques *Chorlieder*. Le 22 septembre, en toute conviction, il écrit au Conseiller consistorial de Stuttgart, Horstig :

> Si vous venez un jour à Zurich, je pourrais même vous faire entendre des morceaux tels que la Double-fugue de Krieger[82] qu'on trouve dans le Mattheson[83], chantés par un groupe de jeunes filles de 12 à 16 ans si joliment que vous ne pourrez guère souhaiter meilleure exécution. J'obtiens des filles des résultats aussi bons que ceux auxquels parviennent les garçons dans les instituts luthériens réputés[84].

De son côté, Michael Traugott Pfeiffer* rédige, à Lenzburg, en Argovie, la veille de la sainte Cécile, sa lettre *Ankündigung einer naturgemäßen Unterrichtsweise im Gesänge* (« Publication d'un enseignement du chant conforme à la nature ») où il se fait l'avocat de la pensée pédagogique pestalozzienne adaptée au langage musical. Pourtant, il convient de s'interroger sur le sens de l'adjectif *naturgemäß* (« conforme à la nature »). S'agit-il de la nature en général ou de la nature humaine en particulier ? Autrement dit, de son fonctionnement psychique, de son intériorité. Quoi qu'il en soit, Pfeiffer s'y montre particulièrement impressionné par le « génie » de Pestalozzi.

---

[82] Johann Philipp Krieger (1649-1725), organiste et compositeur allemand.

[83] Johann Mattheson (1681-1764), critique, théoricien et compositeur allemand.

[84] Cité par Ulrich ASPER (1994). *Hans Georg Nägeli : Réflexions sur le chœur populaire, l'éducation artistique et la musique d'église*, p. 19.

Le découpage quelque peu arbitraire entre rythme, mélodie et harmonie est pratiquement validé. C'est bien dans cet esprit qu'il anime le premier séminaire pour la formation des instituteurs en Argovie.

La vie musicale suisse est toujours aussi active notamment à Lucerne, ville d'une riche tradition musicale, où fin juin 1808, une centaine de mélomanes se réunissent pour créer la Schweizerische Musikgesellschaft («Société helvétique de musique»), unique au monde. Outre le fait d'exécuter des œuvres en commun, il s'agissait également de tisser des liens entre les Confédérés et de préparer l'unité morale du pays. Son objectif se présentait comme bien plus patriotique qu'artistique. D'ailleurs, la plupart de ses membres étaient des amateurs. Lors des célébrations d'Unspunnen, la première fête de musique suisse, au sommet du Rigi, est organisée. En cela, il ne faut jamais oublier que la pensée musicale de Pestalozzi, peut-être encore plus incarnée que chez Nägeli* ou Pfeiffer*, se référait constamment à la célébration reconnaissante de la Nature par la musique pastorale[85] dans un sens pur, complètement détaché de toute forme de sentimentalité. Ce qui ne fait pourtant pas de lui un panthéiste. Le chant patriotique, enraciné dans la terre et la culture au sens psychologique du terme, atteint dans un tel contexte valo-

---

[85] La source du langage musical se cristallise, symboliquement autant qu'historiquement, dans le «Pastoralisme». Ce dernier est d'abord transmis par l'oralité avant de susciter l'imagination des compositeurs dans leur rapport essentiel à la Nature. En l'occurrence, ils ne la décrivent pas extérieurement mais expriment, par analogie, la relation émotive qu'ils «tissent» avec elle. Dans ses remarquables travaux, le musicologue allemand Walter Wiora (1906-1997) a bien expliqué la nécessité, pour les «pasteurs», de traduire par des sons jubilatoires leur reconnaissance mais aussi leur capacité à combattre les dangers. De ce fait, elle entonne une relation forte entre le monde intérieur de l'être humain et le monde qui l'entoure et, parfois, le menace. C'est bien ainsi que de grandes partitions de la musique savante occidentale, telle la *Symphonie* «Pastorale» de Beethoven, devraient être comprises.

risateur au véritable sublime[86] tel que les théoriciens romantiques le comprenaient. Et c'est ainsi que le concevait certainement le musicien-instituteur Johannes Kehrli (1774-1854)* lorsqu'il emmenait une chorale de jeunes filles à Unspunnen. La conception musicale de Pestalozzi est finalement assez simple à résumer. Tout un chacun doit pouvoir bénéficier d'une éducation fondée sur la musique, l'apprentissage de l'oreille émotive et non point l'oreille mécanique et purement intellectuelle. Il considère la musique comme une partie essentielle de l'épanouissement simultané du cœur *(Herz)* et de l'esprit *(Geist)*. Il n'oublie pas la contribution de cet art à la formation de l'entendement. En cela, il est bien un homme de l'*Aufklärung* tout en se comportant en Romantique au sens où l'entendait le Professeur Georges Gusdorf (1912-2000)[87]. Pour lui, c'est véritablement une exigence que de contribuer à l'épanouissement d'une nature d'artiste dans la mesure où elle reste profondément humaine.

Entre 1808 et 1810, Fröbel* sera l'élève de Pestalozzi à Yverdon.

En 1808, Joseph Nicholas Neef publie, à Philadelphie, le premier ouvrage pédagogique, en anglais, conçu à partir des principes de Pestalozzi : *Sketch of a Plan and Method of Education founded on the Analysis of the human faculties and natural reason, fitted for the offspring of a free people and of all rational beings.* Il y traite de la musique en la divisant en éléments distincts. Pourtant, il concentre son attention sur la qualité du ton de la voix humaine tout en examinant leur nature propre[88]. En cela, il se présente tel un précurseur de Leoš Janáček*.

---

[86] Au sens où l'entendaient l'Irlandais Edmund Burke (1729/30-1797) et l'Anglais William Crotch (1775-1847).

[87] Georges GUSDORF (1993). *Le romantisme.* Paris : Payot.

[88] James A. KEENE (1987). *A History of Music Education in the United States,* p. 88.

Au début de l'année 1809, Johann Friedrich Herbart* était appelé à Königsberg afin d'y devenir le deuxième successeur de Kant ce qui donnait l'occasion à Friedrich Wilhelm III (1770-1840) d'affirmer :

> J'approuve d'autant plus volontiers la nomination du professeur Herbart de Göttingen à la chaire de philosophie de notre université qu'il pourra contribuer d'une manière particulièrement utile à l'amélioration du système éducatif selon les principes de Pestalozzi.

L'histoire de la musique occidentale sera alors ponctuée, en 1809, par la naissance de Felix Mendelssohn, le 3 février, à Hambourg, et la disparition de Joseph Haydn, à Vienne, le 31 mai. Nägeli* et Pfeiffer collaborent étroitement à la mise en œuvre d'une théorie pédagogique de l'enseignement de la musique selon les principes de Pestalozzi que les deux musiciens sont allés visiter à Yverdon. Une lettre de ce dernier témoigne alors de son intérêt :

> Mon ami Pfeiffer a entrepris de simplifier l'enseignement du chant pour le fonder sur des principes qui résident dans la nature de l'homme, et, partant, de rendre possible son introduction dans les familles désireuses de chanter et dans les écoles publiques, et d'en faciliter à tous l'apprentissage moyennant peu d'aptitudes et quelque bonne volonté. [...] Les résultats sont là, ils sont connus loin à la ronde ; ils sont indiscutables et se confirment aussi bien dans mon Institut. [...] Par sa forme et son contenu, la Méthode doit, tout en satisfaisant aux besoins de la formation de l'homme, se conformer tant aux exigences du spécialiste d'art qu'aux souhaits du pédagogue généraliste, sans se méprendre sur les capacités de l'instituteur de campagne. Ainsi, chaque mère qui ne serait pas inapte au chant pourra y amener son enfant et les frères et sœurs aînés leurs cadets[89].

Leur objectif commun était de réveiller par le chant en l'enfant des forces qui sommeillent. Il serait par trop léger

---

[89] Cité et traduit par Édouard GARO (1985). *L'enseignement et la musique à l'école selon Pestalozzi*, pp. 35-36.

d'abonder immédiatement et entièrement dans le sens qui a été le leur pour un travail d'une si grande précision intellectuelle. Justement, la part de l'intellect sur l'esprit semble, assez rapidement, apparaître avec force à travers cette démarche sensible. Elle pose, en effet – et le sujet reste brûlant d'actualité –, tout le problème relatif à ce que, jadis, on appelait le « solfège ». Les questions concernant les liens entre théorie et pratique ne semblent pas toujours bien réglées, tout au moins sur le plan institutionnel. J'aurai l'occasion de développer cette problématique dans le chapitre suivant.

2.
L'application méthodique de Pfeiffer et de Nägeli et ses conséquences

Le début et la fin de ma politique c'est l'éducation.

Johann Heinrich Pestalozzi – *An die Unschuld* (1815)

Nägeli* publie, en 1809, dans un premier temps, *Die Pestalozzische Gesangbildungslehre nach Pfeiffers Erfindung kunstwissenschaftlich dargestellt im Namen Pestalozzis, Pfeiffers und ihrer Freunde von H. G. Nägeli.* Il y écrit notamment :

L'ère de la Musique ne débutera que quand la pratique de cet Art supérieur ne sera plus l'apanage de quelques-uns seulement, quand il deviendra le bien commun du peuple, de la nation, de tout l'ensemble des Européens d'une même époque, quand la Musique sera l'élément où baignera l'humanité entière. Or cela ne se réalisera que grâce aux développements du CHANT CHORAL. [...] Prenez des cohortes humaines, prenez des humains par centaines, par milliers, faites l'expérience de les soumettre à une action civilisatrice réciproque, une action réciproque *[in humane Wechselwirkung]* telle que chaque individu réalise en un agir autonome sa personnalité tant en exprimant ses sentiments *[durch Empfindungs]* qu'en s'exprimant par des paroles, et qu'en même temps il reçoive de tous les autres individus des impressions de même nature ; une action réciproque telle qu'il prenne conscience en une suprême intuition *[intuitivste]* et avec une extrême diversité de son humaine indépendance *[seiner menschlichen Selbständigkeit]* et de son implication dans le réseau de l'interdépendance humaine ; une action réciproque où il est et récepteur et propagateur des Lumières ; où l'Amour par lui se diffuse tout comme il aspire en son être – tout cela à chaque instant, à chacune de ses respirations – : avez-vous alors affaire à autre chose qu'au CHANT CHORAL ? [...] Si vous faites exécuter par une centaine de chanteurs un chœur convenablement écrit, peu importe que leurs voix soient quelconques, qu'elles soient les simples voix que donne la nature : vous aurez créé une image sensible de ce qu'est la majesté du peuple[90].

Ce passage est fort éloquent et très profond. Il traduit en termes puissants une authentique réflexion sur la musique dans laquelle apparaît le mot « intuition » qu'il exprime par un autre terme que celui de Pestalozzi. Qu'est-ce à dire ? Psychologiquement,

l'intuition *[Anschauung]*, procédant à l'aide d'analogies, peut être appelée méthodique, si chaque analogie s'incorpore dans un connexe harmonieux d'analogies qui se réclament et se suscitent mutuellement[91].

Lorsque Nägeli* évoque la « majesté du peuple » *(Volkmajestät)*, il importe de comprendre que, pour Pestalozzi, cette délicate notion ne renvoyait ni à

la lumineuse (par trop illuminante !) *nation* française tourmentée par son identité, ni [au] sombre *Volk* allemand, régulièrement menacé par ses démons : le peuple, pour Pestalozzi, c'est quiconque peut prétendre à l'accomplissement de son humanité au cœur de sa condition particulière[92].

L'analogie féconde, musicalement, la polyphonie chère à Nägeli très préoccupé qu'elle puisse être incarnée par le peuple formé de « dilettantes cultivés » dotés d'une

culture polyphonique [libérant] une agilité dans l'aperception et une puissance psychique *[die Macht des Gemüths]* telles

---

[90] Cité par Ulrich ASPER (1994). *Hans Georg Nägeli : Réflexions sur le chœur populaire, l'éducation artistique et la musique d'église*, p. 11.
[91] Paul DIEL (1962). *Psychologie de la motivation*, p. 13.
[92] Michel SOËTARD (2010). « De Oui ou non ? à la Méthode : politique et pédagogie chez Pestalozzi », p. 43.

qu'il sache, immobile dans le mouvement ou se mouvant dans l'immobilité, considérer aussi bien en les prenant une à une qu'en les replaçant dans leur ensemble harmonique, une pluralité d'associations rythmico-mélodiques de sons[93].

Dans cet esprit, il atteste que

> rien n'égale l'élévation spirituelle *[Geisterhebung]* que procure l'aperception *[Anschauung]* d'une œuvre musicale dont la composition polyphonique est bien faite[94].

Mais la pensée et la formulation de Nägeli sont très contrastées comme en témoigne le passage suivant :

> En effet, quand la musique a un contenu verbal, elle touche l'être humain dans ses affects *[der pathologische Mensch]*, et quand cet aspect est touché, nous nous trouvons déjà dans l'élément général de l'amour *[Liebe]*, où l'individu ne peut ni se penser ni se sentir lui-même comme un être isolé[95].

Cet extrait pose de nombreuses questions ne serait-ce que par sa traduction. Ainsi, est-il est question du *pathologische Mensch* dans le texte original. Qu'est-ce à dire ? L'adjectif *pathologisch* revêt indéniablement un caractère médical et sous-entend, donc, un état maladif. En l'occurrence, le *pathos* (πάθος) est le contraire de l'*ēthos* (ῆθος), d'où l'ambiguïté qui ressort de ce texte. De surcroît, Nägeli pense que la musique est incapable d'exprimer des sentiments et qu'elle est pure forme. En cela, il se montre un véritable précurseur du théoricien formaliste viennois Eduard Hanslick (1825-1904)*. Ce qui est faux, bien qu'il modifie cette assertion dès lors que les paroles apparaissent. Nous pouvons ainsi comprendre pourquoi il attribue tant d'importance au rythme et aussi peu à la mélodie en tant que telle.

---

[93] Cité par Ulrich ASPER (1994). *Hans Georg Nägeli : Réflexions sur le chœur populaire, l'éducation artistique et la musique d'église*, p. 43.
[94] *Ibid.*
[95] *Ibid.*, p. 39.

[Il est] la clé qui donne accès à la magnificence du grand art musical[96].

Dans la mesure où cette « clé » serait relative à la *pulsion vitale*, Nägeli* aurait raison. Il pense, cependant, à un type d'organisation métrique, ce qui est fort différent. Par ailleurs, le rythme en soi, séparé de la mélodie, ne signifie rien, de même que la mélodie sans architecture, sans colonne vertébrale risquerait d'être incompréhensible. Le chant d'un simple intervalle de quinte n'a, toutefois, pas besoin d'être « rythmé ». Il se suffit émotivement en lui-même. On peut donc contester son assertion selon laquelle

l'élément mélodique simple n'est pas aussi accessible, ne se prête pas aussi bien à l'éveil du sens mathématique que l'élément rythmique simple[97].

Edgar Willems (1890-1978)* saura compléter l'insuffisante définition du rythme par Nägeli en résumant de la sorte :

Il s'agit, en effet, de la vie rythmique, et l'étude de cette vie ne peut être abordée qu'à condition d'incorporer le rythme dans une synthèse qui unisse la musique à l'être humain. Tant qu'on sépare la partie du tout auquel elle appartient, on se perd dans des détails et l'on aboutit, pour la pratique, à des règles, insuffisantes, là où de grandes lois[98] sont en jeu. On ne peut donc parler sciemment du rythme sans le placer dans la triade : rythme-mélodie-harmonie et sans situer cette triade elle-même dans la synthèse humaine[99].

Très précisément, Nägeli* a par trop séparé ce qu'il appelle des « éléments ». Sur ce problème, il se distingue

---

[96] *Ibid.*, p. 46.

[97] Cité par Ulrich ASPER (1994). *Hans Georg Nägeli : Réflexions sur le chœur populaire, l'éducation artistique et la musique d'église*, p. 47.

[98] À savoir, la légalité qui régit le fonctionnement psychique.

[99] Edgar WILLEMS (1954). *Le Rythme musical. Rythme – Rythmique – Métrique*, p. 4.

clairement de Pestalozzi comme nous pourrons le constater à la lecture de la lettre de ce dernier adressée à l'Anglais Greaves* en 1819. Ce constat effectué, considérons également la complexité d'un intellectuel tel que Nägeli, chercheur de vérité et volontiers polémiste. Dans son ouvrage, il qualifie le chant choral de naturellement « démocratique » en tant qu'à travers lui la « majesté du peuple » s'exprime librement. Respectueux de la religiosité, Nägeli n'est pas, à proprement parler, un révolutionnaire. Il évoque le « peuple » *(Volk)* dans sa dimension mythologique quelque peu utopiste ou, en tous les cas, qui aspire à ce qu'il s'élève à un tel idéal. Il semble, à l'examen de l'histoire de l'Humanité, que les faits sont à nuancer. Nägeli semble ignorer le concept de « sublime » prôné par Kant et Schiller, en Allemagne, et surtout par le Dr William Crotch*, en Angleterre. Sauf lorsqu'il définit la musique instrumentale tout en prenant bien soin de la distinguer essentiellement de la musique vocale[100]. Son intérêt pour le chant populaire suscite également l'analyse lorsqu'il le définit comme la réunion d'éléments dont chacun constitue une unité en soi. Ces *kleine Kunstganze* ou « petites unités » sont relatives à des « idées » musicales. En cela, il anticipe sur les recherches du compositeur et théoricien morave Leoš Janáček (1854-1928)* sur les motifs du langage musical. Les Grecs de l'Antiquité nommaient cette unité mélos (μέλος), à savoir « membre musical, phrase ou unité », l'élément premier du chant. En allemand, le *mélos* se traduit par *Glied*[101], ce

---

[100] Ainsi dans son article de 1812, *Anrede an die schweizerische Musikgesellschaft, bey Eröffnung ihre Sitzung zu Zürich, den 19ten August 1812*, destiné à l'*Allgemeine musikalische Zeitung* : « Je mehr nämlich die Instrumental-musik sublimirt wird, je weiter entfernt sie sich von der Popularität ; die Vokal-musik hingegen nähert sich ihr, je vollkommener sie erscheint.» [col. 715-716].

[101] Jacob et Wilhelm GRIMM (1854/1954, 1999). « Glied », t. 8, col. 2-47. In *Deutsches Wörterbuch*. München : Deutscher Taschenbuch.

qui renvoie, naturellement, au substantif *Lied*[102]. Pourtant, Nägeli* n'aura de cesse de se contredire lorsqu'il évoque le concept d'idée en niant tout fond et contenu à l'expression musicale en tant que telle, d'où le caractère quelque peu abstrait de sa démarche. Au regard de la pensée pédagogique préconisée par Pestalozzi, il y a une différence de taille. Ces réserves ne doivent cependant pas minorer l'importance de Nägeli, personnalité inquiète, perfectionniste, hautement cultivée et particulièrement complexe.

Lorsqu'il s'emploie à définir plus clairement la mélodie ou ce qu'il nomme la « mélodique », il écrit les mots « illusion » et « clarté », une association qui ne manque pas de surprendre. Il ajoute qu'il s'agit d'une « agrémentation musicale des valeurs temporelles » estimée comme un « stimulant de l'esthésie », donc de la sensation. Autrement formulé, un « produit spécifique qui s'adresse à la sensibilité ». Son analyse présente, en définitive, une dualité qui se veut complémentaire. Le rythme serait de nature quantitative et la mélodie de valeur qualitative. Il a raison sur ce point tout en développant une certaine confusion du fait de cette pseudo hiérarchie. En tant que théoricien relativement rationaliste, il veut absolument codifier le processus mélodique, le soumettre à des lois intellectuelles alors que l'expression spontanée de la mélodie repose, au contraire, sur la notion de légalité, ce qui n'a aucun rapport. Or, la légalité ne se présente plus à l'observation sensorielle mais à la vision intuitive, ce que Pestalozzi savait par expérience. Autrement dit, le langage musical, à l'instar de toute création, est également soumis à la légalité évolutive de la vie. En cela,

---

[102] Jacob et Wilhelm GRIMM (1854/1954, 1999). « Lied », t. 12, col. 982-985. In *Deutsches Wörterbuch*. München : Deutscher Taschenbuch.

les résultats véridiques de l'intuition spirituelle ne peuvent pas être en contradiction avec les résultats véridiques de l'observation intellectuelle[103].

Ainsi, toujours en 1809, dans *Die Pestalozzische Gesangbildungslehre*, Nägeli* formule sa définition de l'harmonie, laquelle ne manque pas d'intérêt :

> L'harmonie est pour nous un art de multiplication de séquences à l'intérieur d'une unité temporelle donnée, et cela sous le double rapport de la multiplication des rythmes et de la multiplication des mélodies[104].

Pourtant, dans ce traité, Pfeiffer* et Nägeli ont une certaine tendance à rationaliser la pensée pestalozzienne[105], ce qui n'est pas forcément positif. En réalité, tout au long de l'histoire de la musique, la signification du concept d'harmonie n'a pas changé, seule la forme s'est transformée dynamiquement. Ce mot d'origine grecque (ἁρμονία), déjà évoqué dans l'Avant-propos, revêt, aujourd'hui, pour d'aucuns, un sens purement technique. Dans la Grèce dite « classique », l'harmonie s'identifiait à la notion d'échelle. Pour Platon, c'était le mode, c'est-à-dire une disposition type des sons contenus à l'intérieur de l'octave. Tous les sons possibles sont contenus dans l'octave puisqu'ils ne peuvent, au-delà de ses limites, que se reproduire dans une tessiture différente. Mais à l'intérieur de l'octave, toutes les subdivisions sont théoriquement possibles et les musiques étrangères à la pensée et à la syntaxe musicale de l'Occident en utilisent des quantités et tirent des innombrables groupements et des hiérarchies complexes à quoi elles soumettent les plus

---

[103] Paul DIEL (1962). *Psychologie de la motivation*, p. 66.
[104] Cité par Ulrich ASPER (1994). *Hans Georg Nägeli : Réflexions sur le chœur populaire, l'éducation artistique et la musique d'église*, p. 45.
[105] Gordon COX, Charles PLUMMERIDGE (2010). *Bernarr Rainbow on Music*, p. 178.

riches significations poétiques ou religieuses. En réalité, la pensée harmonique tout comme la pensée mélodique est soumise aux trois dualités : complémentaire, antithétique et ambivalente. Il ne saurait y avoir opposition entre la verticalité et l'horizontalité sonores. En ce domaine, la théorie acoustique, matérialiste, ne devrait pas prédominer. L'harmonie, en tant qu'expression de la psyché humaine, obéit naturellement à la légalité qui la régit. Elle se fonde, de la sorte, sur un principe dynamique. Lorsqu'un compositeur fait appel à la seule physique pour obéir aux réglementations arbitraires de l'harmonie, il est, intellectuellement parlant, dans l'erreur. L'harmonie est à considérer comme un principe de travail sonore de réunification. Parce que menacée en permanence par la dualité, elle peut se reconstituer à des niveaux toujours plus élevés, ce qui caractérise précisément le phénomène évolutif. Il est assez étrange de constater combien l'apport de Janáček*, en ce domaine précis, est tout à fait négligé tant il dérange, probablement, une pensée conventionnelle et académique sinon dogmatique sur le sujet. La définition proposée par Nägeli ne met ainsi pas suffisamment en évidence les interpénétrations « dynamiques » entre horizontalité et verticalité qui aboutissent, de temps à autre, selon l'itinéraire dramaturgique de l'œuvre, à des chiasmes sonores, à des événements destinés à marquer émotivement.

Pour en revenir à la notion d'édification *(Erbauung)*, différente au début du XIXe siècle, il est intéressant de se pencher sur l'importance que Nägeli* attribue au répertoire des anciens motets sur textes bibliques :

> C'était une époque glorieuse que celle où maint Cantor ou organiste allemand confectionnait année après année chaque semaine sa *Domenica* pour remplir, le dimanche, dans un esprit

sans cesse renouvelé, son office de prêtre artistique *[künstlerisches Priesteramt]*[106] !

Son appréciation était en décalage avec les choix conventionnels de son époque rationaliste. C'est finalement dans le même esprit que, dans l'*Intelligenzblatt* de l'*Allgemeine musikalische Zeitung* d'avril 1809, il insiste sur la nécessité vitale d'une éducation polyphonique :

> conformément à la nature […] en une progression ininterrompue du plus simple au plus élevé, du chant populaire *[Volksgesang]* à l'aperception et à l'exécution d'œuvres d'art polyphoniques *[polyphonischer Kunstwerke]*[107].

Par définition, la polyphonie a un fondement essentiellement religieux au sens mythologique du terme. D'ailleurs, lorsque Nägeli définit la musique comme étant « la fille du ciel » c'est comme s'il disait, psychologiquement, qu'elle est l'expression du surconscient, c'est-à-dire du « plus-que-conscient ». Ou encore de l'imagination surconsciente qui préside à l'orientation sensée de l'acte créateur en accord avec le sens de la vie, l'*ēthos* fécondateur d'une authentique *paideia*. Cela est fort intéressant dans la mesure où nous savons, désormais, depuis l'avènement de la psychologie, que l'extraconscient joue un rôle non négligeable dans la vie humaine, en général, et dans celle de l'artiste créateur, en particulier. Nägeli l'a exprimé symboliquement par ces mots :

> […], toutes les grandes et authentiques œuvres d'art qu'on nomme inventions de l'esprit humain sont d'inspiration divine, car le don d'invention […] ne peut venir que d'En-Haut[108].

---

[106] Cité par Ulrich ASPER (1994). *Hans Georg Nägeli : Réflexions sur le chœur populaire, l'éducation artistique et la musique d'église*, p. 63.

[107] Cité par Ulrich ASPER (1994). *Hans Georg Nägeli : Réflexions sur le chœur populaire, l'éducation artistique et la musique d'église*, p. 44.

[108] *Ibid.*, p. 66.

La même année 1809, Pestalozzi écrit, pour sa revue pédagogique *Wochenschrift für Menschenbildung*, un article en guise de réponse au traité de Nägeli, *An seine Freunde über die Herausgabe einer Gesangbildungslehre*[109]. Le musicien allemand Philipp Friedrich Silcher* est nommé *Lehrer* d'une école pour jeunes filles *(Mädchenschule)* de Ludwigsburg. Il y rencontre des adeptes de Pestalozzi tel que l'éminent pasteur Jonathan Friedrich Bahnmaier (1774-1841). Par ailleurs, le compositeur Carl Maria von Weber (1786-1826) l'encouragera à persévérer dans la voie musicale. Nägeli se rend à Yverdon pour y rencontrer Pestalozzi. Pfeiffer s'y trouve également. Sa visite l'impressionnera, l'influencera et le confortera dans ses principales considérations. De son côté, Franz Xaver Joseph Peter Schnyder von Wartensee (1786-1868)* prend part aux premières fêtes de la Société helvétique de musique, à Zurich, comme contrebassiste, violoncelliste, altiste, clarinettiste et timbalier. Le mois de novembre correspondra à l'apogée du travail de Pestalozzi. Mais de nombreuses circonstances vont curieusement et tragiquement précipiter l'amorce du déclin.

L'année 1810 constituera effectivement un tournant dramatique pour le travail de Pestalozzi à Yverdon. Le Père cordelier Grégoire Girard (1765-1850) s'apprête à rédiger son fameux rapport dans lequel il consacre un assez court passage au chant[110]. Il évoque sa « précision » et son « élégance » attestant que seule la première était, jusqu'alors, considérée. Quelques lignes plus loin, son commentaire parle d'« airs » et non de mélodies. En hymnologie, la différence est de taille. L'air revêt un caractère

---

[109] Antoine-Élisée CHERBULIEZ (1944). *Geschichte der Musikpädagogik in der Schweiz*, p. 350-351.
[110] Johann Heinrich PESTALOZZI (1810, 2011). *Le Rapport Girard*. In *Écrits sur la Méthode IV*, pp. 249-250.

fugitif, accidentel, sinon quelque peu dévalorisateur, alors que la mélodie est l'expression directe de l'imagination. L'ordre méthodique décrit diffère quelque peu de celui que Nägeli et Pfeiffer préconisent simultanément. Le Père Girard commence par la mélodie et poursuit par ce qu'il appelle « la mesure », puis la « gamme composée de onze sons ». Le *sol* médian est considéré comme « le son fondamental » ce que le musicologue allemand Walter Wiora (1906-1997) nommait, fort opportunément, le « son central ». Pestalozzi harmonise, ce faisant, « l'esprit, le cœur et l'oreille ». La conclusion du Père Girard est assez touchante :

> On se croit toucher à cette époque primitive où la musique résidait autour des autels, et aimait à exprimer les plus sublimes sentiments de l'humanité[111].

Toutefois, Michel Soëtard précise que ce rapport, comme les deux autres[112], ont « abouti à une conclusion négative »[113]. D'ailleurs, les dissensions apparaissent à Yverdon comme en témoignera, en juillet, le départ de Joseph Schmid (1785-1851)* pour le Tyrol. Plus positivement, Nägeli* publie à Zurich, Stuttgart, Francfort-sur-le-Main et Leipzig, à l'instigation de Pestalozzi, sa propre version en deux cent cinquante pages, somptueuse, de la méthode de Pfeiffer*, *Gesangbildungslehre nach Pestalozzischen Grundsätzen paedagogisch begründet, von Michael Traugott Pfeiffer, methodisch bearbeitet von Hans Georg Nägeli*. Il la destine plus particulièrement aux écoles[114]. Elle se divise en deux livres et deux annexes[115].

---

[111] Johann Heinrich PESTALOZZI (1810, 2011). *Le Rapport Girard*. In *Écrits sur la Méthode IV*, p. 250.

[112] Ceux du Doyen Johann Samuel Ith (1747-1813), en 1802, et de Daniel-Alexandre Chavannes (1765-1846), en 1806.

[113] Johann Heinrich PESTALOZZI (1810, 2011). *Le Rapport Girard*. In *Écrits sur la Méthode IV*, p. 369.

[114] Bernarr RAINBOW (1992, 2009). *Four Centuries of Music Teaching Manuals 1518-1932*, p. 74.

Ce travail, largement admiré en Europe de culture germanique, mérite sans conteste d'être examiné de près notamment lorsque l'on peut y lire les phrases suivantes :

> Qu'il s'agisse de l'âme *[Seele]* et de l'esprit *[Sinn]*, de la vie et de l'aptitude à aimer, ou de la vertu et du respect de la volonté de Dieu, en toute chose la musique est un moyen de formation si puissant et si salutaire que nous souhaitons qu'il soit constamment utilisé auprès de la jeunesse. [...] Il n'est sans doute nulle aptitude ni nul savoir humains qui agisse aussi vivement ni aussi profondément sur les sens et sur l'esprit de l'enfant et qui l'occupe de manière aussi complète : c'est l'ensemble de son psychisme *[Gemüt]* qui est par la musique, à mesure que son corps grandit, constamment nourri et fortifié. Nul autre art ne lui fait prendre conscience de manière aussi bénéfique des rapports de société qui l'unissent à ses camarades d'école. Précocement, cette formation lui révèle, en tant qu'individu, sa puissance d'action, celle à la fois de ses sens et de son esprit, sa puissance artistique ; le faisant œuvrer en harmonie avec d'autres enfants, elle lui révèle la puissance d'être humain ; et ainsi, dès son jeune âge, elle lui fait entrevoir quelle est la hauteur de sa destination[116].

Le vocabulaire employé par l'éditeur zurichois est révélateur d'une prise de conscience que la musique, en définitive, est l'expression *(Ausdruck)* du lien entre le monde intérieur, intensif et qualitatif, et le monde extérieur, extensif et quantitatif. Autrement dit, entre la psyché et le monde. Nägeli évoque l'âme *(die Seele)* dont la signification revêtait une grande importance pour le philosophe Friedrich Wilhelm Joseph von Schelling (1775-1854) qui l'associe à *der See* (« le lac »). Il considère que

> l'âme [est] ce qu'il y a de plus haut en l'homme, [le] ciel intérieur de l'homme, le vrai divin en l'homme. Créée et puisée à la source des choses, et pareille à cette source, l'âme humaine a

---

[115] Édouard GARO (1985). *L'enseignement et la musique à l'école selon Pestalozzi*, pp. 1-38. In *Pestalozzi, l'enfant et la musique.*
[116] Cité par Ulrich ASPER (1994). *Hans Georg Nägeli : Réflexions sur le chœur populaire, l'éducation artistique et la musique d'église*, p. 17.

une co-naissance de la création. En elle réside la plus haute clarté de toutes choses...[117].

Pour Schelling, « le lac » renvoie à l'antique croyance germanique qui situait dans les eaux du lac les âmes des morts comme de ceux encore à naître.

> J'ai attendu tout l'hiver avec impatience de voir le lac. Nous avons si souvent et abondamment parlé de la vie des esprits, et j'avais toujours devant les yeux l'image du lac.

Au XXe siècle, le psychologue autrichien Paul Diel (1893-1972)* expliquera que

> le terme *âme* est habituellement employé sous diverses acceptions plus ou moins confondues. Il peut signifier soit l'âme essentielle (le mystère de l'animation), soit la psyché (ensemble des pensées, des sentiments, des volitions), soit la sphère des sentiments[118].

Dans le traité de Nägeli, le mot d'origine pour l'esprit est *der Sinn*, substantif au demeurant fort complexe pour ce qui concerne sa traduction. Le « psychisme » correspond, pour l'original, à *das Gemüt*, autre terme difficile à saisir mais ô combien riche de sens.

C'est également dans la « Méthode » de 1810 que Nägeli fait apparaître, pour la première fois, le mot kantien « dynamique » *(die Dynamik)* en provenance de la langue scientifique du XVIIIe siècle. Sur un plan psychologique, le dynamisme motivant des instances extraconscientes codétermine l'élaboration de la décision volontaire du conscient. Comme telles, les instances psychiques sont dynamiques et leur dynamisme constitue le travail intérieur destiné à élaborer l'activité. Je dois aussi introduire, dans ce contexte, la notion de « Force » *(die Kraft)*.

---

[117] Pour les frères Grimm : *seele als der innere, geistige theil des menschlichen wesens, im allgemeinen.*
[118] Paul DIEL (1962). *Psychologie de la motivation*, p. 69.

[Elle] est définie comme cause, capable de produire ou de modifier le mouvement des corps. Les changements produits par la Force peuvent être utilisés ; ils fournissent un travail utile et on parle de l'énergie. La cause de ce changement, la Force, ne peut être saisie, ni par l'observation ni par l'expérience. Elle demeure une notion métaphysique. Autrement dit : la notion de la Force est un symbole, une personnification mythique, une image empruntée au monde intérieur. La signification de ce symbole est un phénomène psychique, uniquement observable par l'introspection : la volonté[119].

Il serait par trop restrictif de comprendre le terme *Dynamik* selon Nägeli* en le confinant aux seules nuances musicales. En ce cas, seule la forme serait prise en considération au détriment de tout élément émotif, spirituel, tout à fait contraire à la pensée profonde de Pestalozzi. Or, la forme n'est rien en soi. Elle n'a de valeur que portée par le fond et le contenu.

La liste impressionnante des souscripteurs, pour cette publication de 1810, témoigne de l'intérêt suscité par cette démarche. Toutefois, elle concerne spécifiquement la Suisse alémanique et les différents territoires des Allemagnes. La France va ignorer cette pensée comme l'a souligné Bernarr Rainbow (1914-1994)*[120] :

The impact of Pestalozzian thinking in France generally was minimal[121].

Seul l'excellent musicien et pédagogue normand Alexandre-Étienne Choron (1771-1834)* figurait dans cette liste où se trouvaient également et entre autres des

---

[119] *Ibid.*, p. 18.

[120] B. Rainbow a incontestablement été l'un des meilleurs chercheurs et auteurs en matière d'histoire de l'éducation musicale. Ses travaux ont contribué à présenter clairement et en profondeur l'apport de Pestalozzi en ce domaine, aidé par Nägeli et Pfeiffer.

[121] Bernarr RAINBOW (1992, 2009). *Four Centuries of Music Teaching Manuals 1518-1932*, p. 106.

pasteurs, des professeurs, des acteurs et des commerçants du monde germanique.

Sur un plan pratique, la pédagogie musicale prônée par Pfeiffer* et Nägeli* suggère au professeur de prononcer certains termes à l'enfant en cas d'erreur de sa part. Ainsi, pour une défaillance rythmique il s'agissait de dire « incorrect ». En cas d'insuffisance mélodique, le mot préconisé était « peu clair »[122]. Pourtant, la séparation entre les principaux éléments du langage musical nous étonne toujours. Ainsi, Nägeli et Pfeiffer ne réalisaient-ils pas de test rythmique préalable mais le pratiquaient pour la partie mélodique.

> Nous n'avons fait précéder nos exercices rythmiques d'aucun examen préalable, car tout enfant est capable de marcher et de parler, et dispose d'aptitudes suffisantes pour pouvoir prendre part à des exercices rythmiques. En revanche tout enfant ne dispose pas indifféremment des aptitudes requises pour s'exercer à la partie mélodique de la musique[123].

Cette assertion doit être discutée. Elle renvoie à celle de Rousseau qui niait que le chant des enfants puisse être animé. La séparation délibérée du rythme et de la mélodie ne saurait résister à l'expérience. Avec le recul, l'approche théorique de Nägeli et de Pfeiffer sera mise en cause comme l'indiquent les phrases suivantes du Professeur Wilfried Gruhn :

> However, their strict and highly systematized method was a misinterpretation of Pestalozzi's new understanding of the psychology of learning and the educational philosophy that aimed

---

[122] James A. KEENE (1987). *A History of Music Education in the United States*, p. 84.
[123] Cité et traduit par Édouard GARO (1985). *L'enseignement et la musique à l'école selon Pestalozzi*, p. 15.

to follow children's natural development by supporting sensual experiences before introducing formal (verbal) knowledge[124].

Nägeli expérimentera, sans coup férir, sa théorie en l'enseignant à l'Orphelinat municipal de Zurich. Contre toute attente, les résultats ont été appréciés comme remarquables. Le *Zürcher Singinstitut* donne naissance à un *Männerchor*, le premier qui ait jamais existé dans le sud du monde d'expression allemande. Les circonstances engagent Nägeli à valoriser spécialement le chœur d'hommes inhérent au patriotisme de la Confédération des vingt-deux cantons. Dans sa démarche, il se différenciait clairement de la conception chorale prônée, à Berlin, par Carl Friedrich Zelter (1758-1832)*, proche de Goethe. De son côté, Schnyder von Wartensee* s'établissait à Zurich.

Dans l'un de ses courriers, daté du 22 novembre suivant, adressé à Elisabeth Meyer-Zürcher (1780-1861), Pestalozzi écrivait à propos du traité de Nägeli* et Pfeiffer* :

> [...] Vous me pardonnerez de mettre à nouveau à contribution vos compétences pour un service amical. Cela concerne la distribution aux souscripteurs [...] du cours de chant de Nägeli et Pfeiffer ce dont je vous prierai de bien vouloir vous charger, en cela vous aurez la bonté de m'informer de la réception, et d'en collecter le montant[125].

Par là même, on constate sa généreuse implication pour ce qui concernait la diffusion de ce traité.

Le 19 décembre 1810, Johann Heinrich Egli* s'éteignait à Zurich, laissant un précieux héritage dans le domaine du *Lied*. Le chant choral populaire en Suisse alémanique commençait à se développer particulièrement

---

[124] Gordon COX, Robin STEVENS (sous la dir. de) (2010). *The Origins and Foundations of Music Education : Cross-Cultural Historical Studies of Music in Compulsory Schooling*, p. 49.
[125] Cité par Loïc CHALMEL (2012). *Pestalozzi : entre école populaire et éducation domestique. Le prince des pédagogues, son fils et Mulhouse*, p. 201.

formant avec le chant en solo une heureuse dualité complémentaire. Germaine de Staël (1766-1817) publiait *De l'Allemagne* dans lequel elle louait le travail effectué par Pestalozzi. Le grand peintre zurichois Johann Heinrich Füssli, désormais nommé Henry Fuseli (1741-1825), ami de jeunesse de Pestalozzi, était nommé professeur à la Royal Academy de Londres. En cette année 1810, la Société helvétique de musique s'était réunie à Lucerne. Entre 1810 et 1811, Franz Xaver Schnyder von Wartensee* suit les cours de composition de Nägeli* et de Joseph Gersbach (1787-1830)* à Zurich. Le théologien allemand Karl Friedrich Celestin Burkhart (1785-1857), de Schönborn en Saxe, effectue un premier séjour[126] à Yverdon où il délivrera l'enseignement religieux tout en aimant jouer de l'orgue ainsi qu'en témoigne une lettre d'Adolphe Jullien (1805- ?) non datée :

> M. Pestalozzi nous a parlé et l'on a chanté en chœur. M. Burkhart jouait de l'orgue[127].

Au printemps de 1811, le pédagogue et musicien allemand Jean-Bernard Kaupert (1786-1863)* arrive sur les bords du Léman, à Nyon. Sa future carrière dans le domaine du chant choral en Suisse romande sera essentielle. En cela, il suivra fidèlement la pensée pestalozzienne. En été, le général Marc-Antoine Jullien (1775-1848)* séjourne à Yverdon de juillet à septembre. Un ouvrage fort instructif concrétisera, en 1812, ses observations notamment en matière de musique. J'y reviendrai plus en détails. Simultanément, les difficultés s'accroissent. Déjà, en avril, le juriste bernois Karl Ludwig von Haller (1768-1854) diffamait Pestalozzi. Niederer* défendra l'action de ce dernier. Mais, à l'automne, une nouvelle attaque provient du chanoine zurichois Johann Heinrich Bremi (1772-

---

[126] Le second aura lieu entre 1812 et 1813.
[127] *Lettres des enfants Jullien, 1812-1816, élèves chez Pestalozzi*, Yverdon-les-Bains, p. 71.

1837), professeur au *Carolinum*. Le 20 novembre, Nägeli* suggère à Pestalozzi de

mandater le juriste David Vogel pour attaquer Bremi en justice.

Tout cela n'est guère favorable à la bonne et juste diffusion de la *Méthode* et crée même des obstacles sérieux dans son application quotidienne, sur le terrain. Toujours en 1811, Schnyder von Wartensee* se rend à Vienne dans l'espoir de pouvoir étudier auprès de Beethoven. Le poète de la nature d'Olten, dans le Canton de Soleure, Alois Franz Peter Glutz [von Blotzheim] (1789-1827)* parcourt le pays comme chanteur itinérant, aveugle, avec sa guitare et son flageolet. Il témoigne d'une activité musicale touchante, spontanée, naturelle, celle qui était le plus à même d'exprimer un romantisme authentique. Une importante et riche relation épistolière débute entre Nägeli* et Schnyder von Wartensee*. Elle durera jusqu'en 1821. Les manifestations de la Société helvétique de musique se sont tenues à Schaffhouse [Schaffhausen] cette année-là.

En été 1811, Carl Maria von Weber se rendait dans cette ville à l'occasion de son Festival et y rencontrait Nägeli*. Peu après, à Zurich, le compositeur du *Freischütz* sera quelque peu déçu

par le niveau des chanteurs formés dans l'Institut que dirigeait Nägeli sur les principes de Pestalozzi[128].

Que faut-il en penser ? La même année, Friedrich Wilhelm Lindner (1779-1864)* rédigeait, pour l'*Allgemeine Musikalische Zeitung*, l'article *Was ist bis jetzt für die Gesangsbildung geschehen ?* dans lequel il faisait part de ses propres réflexions pestalozziennes en la matière.

Franz Xaver Schnyder von Wartensee* rentre en Suisse en 1812 pour se consacrer à la musique, à la poésie, à la

---

[128] John WARRACK (1987). *Carl Maria von Weber*, p. 141.

physique et à la littérature. Nägeli se risque à faire se produire, en public, les chanteurs de son Institut. D'où, certainement, la déception de Weber. L'homme de lettres français Marc-Antoine Jullien (1775-1848)* édite, à Milan, les deux tomes de son *Esprit de la méthode d'éducation de Pestalozzi*. Le second volume contient des descriptions significatives de l'enseignement musical prodigué à Yverdon[129]. Au XIIIe paragraphe, il distingue « chant » et « musique ». Il s'agit bien de « remonter aux premiers éléments » que les enfants vont « trouver » par eux-mêmes, donc en eux-mêmes. En note, Jullien se réfère, tout naturellement, à Pfeiffer* et à Nägeli* capables en tant qu'« hommes éclairés » de réconcilier la science et l'art par l'apprentissage méthodique de ce dernier.

M. PFEIFFER et M. NAGELI de Zurich, inventeurs d'une nouvelle méthode d'enseignement de la musique, dans laquelle sont appliqués les principes de la Méthode générale de Pestalozzi, ont publié leur travail sous ce titre : *Nouveaux éléments de l'art de chanter, d'après la méthode de Pfeiffer, adaptée à celle de Pestalozzi, par Nägeli* (Zurich 1809). On doit publier incessamment un grand ouvrage[130] sur le même sujet, destiné à présenter une exposition complète, plus claire et plus analytique, de cette méthode qui paraît pour avoir obtenu les suffrages des hommes éclairés et mériter d'être considérée comme une découverte dans la science, et comme un perfectionnement de l'art d'apprendre la musique. Les principes déjà anciens de cette Méthode nouvelle consistent à bien poser les bases de la science et de l'art, à ne donner dans les commencements que peu de choses à étudier à la fois, à bien isoler et simplifier les éléments, à les rendre familiers les uns après les autres, en s'avançant par une gradation insensible et par une série continue, à séparer les parties hétérogènes, à réunir les parties homogènes, à ne rien mêler de ce qui doit être distinct, à ne rien confondre, à construire peu à peu la science, de manière qu'elle soit solidement établie dans l'esprit. Le résultat est de rendre les élèves, à la fin de leur cours d'instruction, capables d'exécuter sur le champ avec précision et fermeté les morceaux

---

[129] À partir de la page 252.
[130] Jullien évoque ici le Traité de 1810.

les plus difficiles. Enfin, cette Méthode n'est qu'une application à la science musicale de la marche analytique et philosophique tracée par *Bacon, Locke, Condillac, Rousseau*, et qui doit s'introduire dans toutes les sciences et dans tous les arts, pour assurer leur marche et pour accélérer leur progrès.

L'auteur donne ensuite une fort intéressante définition de la musique :

> La MUSIQUE est un moyen essentiel de la culture de l'homme : elle est destinée à pénétrer son âme d'impressions profondes, douces et variées, à polir ses mœurs, à embellir son existence, à relever la solennité des rites religieux, à ranimer le courage dans les combats, la gaieté dans les fêtes, à répandre sa bienfaisante influence dans le sein des familles, à charmer les loisirs de l'homme studieux, à délasser sa tête, à inspirer son génie, à fixer la légèreté de l'homme du monde, à la rappeler, pour ainsi dire, en lui-même, à consoler le malheur, à prêter un nouveau charme à la prospérité, à porter dans l'âme, avec l'oubli des douleurs et des peines de notre vie, le pressentiment d'une autre existence, pure, douce, aérienne, céleste, dégagée de cette atmosphère nébuleuse qui obscurcit nos plus beaux jours sur la terre. La musique mérite d'être enseignée avec soin, même dans les classes inférieures du peuple : elle doit entrer dans l'enseignement des écoles primaires, comme la lecture, l'écriture, les éléments du calcul, de la géométrie et du dessin. […]

À cet endroit du texte, Jullien* introduit une note instructive :

> Il y a des maîtres de chant dans les écoles primaires de plusieurs états d'Allemagne, où les gouvernements considèrent le *chant* et la *musique*, non pas comme un art de luxe et d'agrément, mais comme un moyen de culture de l'homme et comme un attribut général de l'humanité, que l'instruction commune et publique doit développer. Je puis citer particulièrement S. A. R. le *prince primat* CHARLES DALBERG[131], *grand-duc de Francfort*, prince également respectable par la noblesse et l'élévation de son esprit et par les rares qualités de son cœur, ami de l'humanité, comme tous les chefs des états

---

[131] Karl Theodor Anton Maria von Dalberg (1744-1817).

doivent l'être, uniquement occupé du bonheur des peuples confiés à ses soins. Cet excellent prince, en comprenant l'enseignement du chant et de la musique au nombre des objets qui appartiennent à l'instruction primaire, a surtout en vue d'adoucir et d'embellir la condition des individus des classes pauvres, de mettre à leur portée des plaisirs purs, simples et faciles, de réveiller et de nourrir dans leurs âmes les deux sentiments qui honorent le plus l'homme à ses propres yeux, la douce et consolante *piété*, par laquelle il s'élève jusqu'à l'auteur de son être, *l'amour de la patrie*, qui étend et agrandit son existence, associée à celle d'un grand nombre de ses semblables. L'influence morale de la musique, consacrée surtout chez les Grecs par leurs législateurs et par leurs institutions publiques, a été souvent négligée ou mal dirigée, dans nos temps modernes. La *Musique* fait une partie essentielle de l'instruction, dans les deux instituts d'éducation qui dépendent des beaux établissements agricoles d'Hofwil. *M. Fellenberg la considère*, dit M. Pictet[132], *comme un moyen d'éducation, comme une ressource auxiliaire précieuse pour adoucir le caractère et les passions malveillantes, pour mettre l'harmonie entre les pensées et les sentiments, pour fortifier l'amour de l'ordre et du beau, pour animer l'instinct qui attache l'homme à son pays, et pour élever vers le ciel son imagination et ses vœux. Tous les élèves apprennent donc la théorie de la musique, et sont exercés au chant. C'est le dimanche qu'on prend pour cette étude, ainsi que pour la lecture, l'écriture, le calcul à la plume, un peu de dessin et de géométrie... Les enfants chantent en parties des cantiques ou des chansons nationales.*

Et Jullien de poursuivre dans son corps du texte :

La nature, toujours libérale, a donné à chaque homme l'instrument le plus agréable et le plus riche par la variété infinie des sons qu'il peut produire : la *voix* ou le *chant*. La voix humaine peut, mieux que tous les instruments inventés par l'homme, pénétrer dans l'âme humaine et en remuer fortement les fibres les plus délicates et les plus cachées : elle réunit tous les tons que les instruments sont capables de former.
L'Institut enseigne la musique et particulièrement le *chant*, fondement de la musique, à un certain nombre d'élèves que ceux en usage dans les écoles ordinaires. Au lieu de faire prononcer d'abord des sons que la voix de l'enfant n'est pas en

---

[132] Charles Pictet de Rochemont (1755-1824).

état de bien former, et d'offrir l'échelle des tons ou la gamme entière, qui paraît trop longue pour lui, on divise cette échelle afin d'avoir une base plus simple, et on emploie un ton moyen qui, n'étant ni trop haut ni trop bas, convient mieux à l'étendue de la voix des enfants.

Les méthodes ordinaires font presque toujours marcher ensemble et paraissent confondre, dans l'enseignement, la *mesure* et la *mélodie*, qu'on sépare ici avec un soin particulier, en s'occupant d'abord seulement de la première : elles commencent par faire observer la forme et les positions des notes de musique, par rapport aux cinq lignes parallèles dans lesquelles on les dispose, et qu'on appelle *portée* ; puis, les intonations convenables ; elles font ensuite *solfier*, ou chanter un air en prononçant les notes, pour rendre la voix juste et flexible. Dans notre Institut, on avance beaucoup plus lentement ; on s'arrête longtemps sur les premiers éléments ; on rend la *mesure*, ou la *quantité* des sons, et la *mélodie*, ou leur *qualité*, sensibles et familières, avant de s'occuper des signes qui les expriment.

Cette dernière phrase de Jullien* est fondamentale. Il remarque que l'expérience vécue doit d'abord être incarnée avant que de s'attacher à la lecture proprement dite. Car ainsi que le disait Luther, dans une prédication prononcée à Merseburg en 1545, le « Royaume du Christ est un Royaume de l'ouïe et non de la vue[133]. » Ce qui renvoie naturellement au *fides ex auditu* paulinien. Pour autant, Jullien est partisan de la séparation entre ce qu'il nomme « la *mesure* et la *mélodie* ».

De ce fait, la description de Jullien mérite d'être entièrement citée. Il poursuit en décrivant le contenu de cette pédagogie :

L'enseignement musical de l'Institut se compose de *trois branches*, dont chacune fait l'objet d'un *degré* particulier :
I. ° Le *rythme* et la *mesure* ou la *quantité* des sons ;
2. ° La *mélodie* ou la partie sensible de la musique, qui comprend la *qualité* des sons ;
3. ° Enfin, le degré de force et de faiblesse des sons variés et combinés, d'où résulte l'*harmonie*.

---

[133] *Und ist Christi Reich ein hör Reich, nicht in sehe Reich* [WA 51, 11, 29].

I. ° *MESURE.* Une sorte de *rhythme*, qui semble naturel à l'homme et qui tient à son organisation, lui procure une existence plus vive, plus animée, plus expansive : dès le berceau, l'enfant est disposé par sa nature à saisir et à reproduire l'uniformité des mouvements qui se répètent ; il est doué d'une faculté instinctive pour exécuter des actions et pour reproduire des sons, d'après une certaine mesure commune. Cet instinct se manifeste dans les jeux de beaucoup d'enfants, dans les danses des sauvages et des nègres, dans la manière dont les forgerons, les maréchaux-ferrants, les tonneliers, les fendeurs de bois, les batteurs de blé frappent le fer, le bois, les épis, uniformément et en cadence.

Dans ce passage, Jullien évoque, en termes simples, la notion de légalité qui régit aussi bien les mouvements intérieurs qu'extérieurs.

La *durée* ou *cadence* des sons, qui comprend leur *quantité* dans un temps déterminé, donne lieu de distinguer, dans la *mesure*, *cinq principales formes* ou *figures*, que la musique désigne par les expressions et les signes correspondants qui suivent : la *ronde* ; la *blanche* ; la *noire* ; la *croche* ; la *double croche*, etc. Les noms allemands, plus clairs et plus expressifs que les noms français, indiquent en même temps la valeur des signes. La noire, grandeur moyenne, unité numérique de la musique ou du rhythme, paraît devoir être la base et le point de départ, d'où l'on peut monter et descendre à volonté.

On apprend à saisir la mesure de deux temps, en baissant et levant alternativement la main, dont la voix suit les mouvements. Après que les enfants sont bien exercés à marquer cette mesure et à distinguer les deux temps, soit en frappant dans leurs mains, soit en marchant, soit en chantant, on passe à la mesure de trois et à celle de quatre temps. Quand ces mesures sont devenues familières à l'oreille et au sens intérieur, on les exprime par des signes sur la table noire ou sur l'ardoise, pour habituer l'œil à les distinguer et la main à les reproduire. Puis, on montre aux enfants l'usage et les signes caractéristiques des *pauses* et des *soupirs*, qui peuvent s'y rencontrer et qui ont le double objet d'indiquer le point et l'espace du temps où le musicien doit s'interrompre pour se reposer et respirer, condition sans laquelle la prononciation ne saurait être ni exacte, ni soutenue, et de donner à la musique plus d'expression et de variété. On exerce l'attention des enfants à reprendre la respiration à propos, autant de fois et aussi longtemps que cela est indiqué par les pauses. On termine ce degré par l'indication des signes propres aux mesures de différents temps, que le compositeur place au commencement de chaque pièce de musique.

Cette étude élémentaire de la mesure, qui convient aux enfants de huit à neuf ans, exige trois ou quatre mois de leçons, à raison de trois leçons d'une heure environ par semaine.

2. *MÉLODIE*. On passe au *second degré*, à la *mélodie*, qui apprend à saisir la *qualité* sensible des sons, leurs différentes modulations, les tons graves, les tons aigus et la transition des uns aux autres.

Le premier exercice de ce degré consiste à faire chanter une demi-gamme ou série de quatre sons. On commence par une hauteur moyenne ; on suit une marche continue, plus simple et plus facile qu'une marche coupée par intervalles. On exerce un enfant à produire par le chant une *gradation* parfaite et une *succession* non-interrompue de sons. On a fait chanter d'abord chaque son séparément, tout à tour en élévation et en dégradation ; puis, des tons successifs, unis et combinés, qui se soutiennent les uns les autres, pour former, adoucir et continuer la voix et pour habituer à détacher et à combiner les tons. On a soin de modifier les exercices, suivant l'âge et la constitution des enfants : l'un qui a la voix plus haute et plus forte, chantera jusqu'au *fa* ; l'autre, dont la voix est plus basse et plus faible, ne chantera d'abord que jusqu'au *ré* ou jusqu'au *mi*. Ces distinctions à faire entre les enfants, pour proportionner exactement chaque degré d'instruction à leurs forces individuelles, sont un des caractères essentiels de l'éducation domestique ou de famille, que la Méthode ne cesse jamais d'appliquer avec une sollicitude maternelle.

Jullien* met en évidence ce qui caractérise l'enfant dont l'élan[134], ou la force vitale immanente, est unique.

D'après la coutume de quelques maîtres qui font parcourir de suite la gamme entière, la voix fatiguée s'affaiblit et s'éteint, en arrivant à l'octave. Dans notre Méthode nouvelle, qui divise la gamme, de manière à ne faire prononcer d'abord qu'une partie des sons, qu'on augmente proportionnellement avec l'étendue et la force de la voix des enfants, celle-ci, étant soulagée et soutenue, acquiert plus de force et de justesse, et la prononciation de l'octave devient plus facile et plus sonore. On aime mieux

---

[134] « Élan et Esprit sont liés et émanent tous deux du mystère » [Claude HÉRAULT (2008). *Le Sens de la vie : une illusion ?*, p. 209].

rester en arrière que s'avancer trop vite, pour ne jamais forcer la nature et pour se maintenir à la portée des enfants. On marque aussi les différents tons par des nombres, afin que l'enfant apprécie et juge leur séparation ou l'intervalle qui existe de l'un à l'autre, et la nuance plus ou moins prononcée de chaque ton. C'est ainsi qu'on donne une véritable *intuition* de la distance entre les tons, par le moyen des chiffres qui servent à l'exprimer, 1, 2, 3, etc. On présente ensuite et on chante les tons transposés, 3, 2, 1 ; 2, 1, 3, etc., pour rendre toutes leurs combinaisons possibles plus sensibles à l'œil et au sens intérieur et plus familières à l'oreille. On commence par faire chanter les tons ; on fait ensuite écrire leurs signes ou caractères, d'abord sur l'ardoise avec la craie ; puis, sur le papier avec la plume. On divise le mécanisme de l'opération pour le simplifier. On retrouve ici, comme dans toutes les autres branches d'enseignement, la *division* et la *gradation*, qui rendent chaque partie de l'instruction plus claire et plus facile à saisir. On ne fait pas connaître encore aux enfants les noms des *notes de musique*. Elles deviennent l'objet d'un exercice particulier, dans lequel on apprend leurs noms et leurs signes, en même temps qu'on apprécie leur usage et leurs fonctions. On montre également les signes qui servent à hausser et à baisser les tons : on apprend les noms nouveaux des modifications que les sons reçoivent de cette manière. En transposant la demi-gamme d'un ou de plusieurs tons plus hauts, on est dans la nécessité d'introduire, soit des *bémols* qui baissent, soit des *dièses* qui haussent d'un demi-ton la note qui les suit. On fait trouver toute la gamme, dont les tons se suivent par intervalles réguliers d'un ton entier, et dont les tons mélangés à des demi-tons se suivent également.

3. *HARMONIE*. Le *troisième degré* (qu'on pourrait appeler la partie dynamique de l'art) enseigne à renforcer ou à diminuer les tons, dont le parfait accord doit produire l'*harmonie*, troisième base de la musique. La méthode nouvelle fait prononcer d'abord séparément les sons forts et les sons faibles ; puis, elle apprend à les combiner et à les marier ensemble. Elle emploie plusieurs exercices pour former l'oreille et la voix sous ce rapport, jusqu'à ce que les élèves exécutent les différentes gradations de la voix et les successions et variations des tons avec une justesse rigoureuse. Enfin, elle arrive à la connaissance des signes qui déterminent la force ou la faiblesse des sons, et qui se bornent à exprimer des modifications dont les exercices précédents ont fait contracter l'habitude.

Après avoir parcouru l'un après l'autre les trois éléments de la musique, le *rhythme* ou la *mesure*, la *mélodie* ou la qualité sensible des sons, l'*harmonie* ou leur combinaison et leurs accords, suivant leurs degrés de force et de faiblesse, on commence à réunir et à combiner ces branches de l'art : les enfants s'essaient à chanter. Ils doivent d'abord *solfier*, ou chanter simplement les notes, d'après les trois conditions établies ; puis, ils appliquent le chant aux paroles, ou chantent des paroles données sur un air qu'ils savent déjà. Les voix ainsi exercées peuvent chanter à trois ou quatre parties, ou d'après les lois de l'harmonie, qui est la combinaison de plusieurs sons différents, dont l'ensemble forme des accords agréables à l'oreille. Les élèves chantent des solos, des duos, des quatuors et surtout des chœurs.

À cet endroit du texte, Jullien insère une note faisant le curieux éloge des conservatoires de Paris, de Milan et de Naples ainsi que des compositeurs Grétry, Gossec, Méhul, Spontini, Le Sueur, etc. Manifestement, il connaît mal ou fort peu le *Volkslied* de son époque et concentre toute son attention sur un art pseudo-savant, idéologique, au service et d'un pouvoir totalitaire et d'une esthétique qui ne l'est pas moins. Tout ceci est en parfaite contradiction avec l'esprit libéral et religieux de Pestalozzi.

La dernière instruction de l'Institut a pour objet l'art d'écrire et de noter les airs qu'on chante soi-même et ceux qu'on entend. L'élève qui a vu former et qui s'est exercé à reproduire les différents signes de la musique, et dont l'oreille sait parfaitement distinguer tous les tons et leurs intervalles, apprend à fixer par écrit avec ces mêmes signes des airs qu'il note dans toutes leurs parties, à mesure qu'on les chante devant lui.

L'étranger observateur, qui visite l'Institut, aime surtout à s'arrêter dans les différentes *classes de chant*, dont les *exercices pratiques* lui offrent des tableaux intéressants et des scènes de famille.

Jullien précise ici, dans une note, quels sont les « jeunes instituteurs chargés de donner les leçons de chant et de musique dans l'Institut d'Yverdon ». Il s'agit de Messieurs Dreist, Voght, Knusert, Thiriot et Cavraw[135].

Dans l'une de ces classes, composée seulement de quinze ou vingt enfants, rangés sur deux files et assis sur des bancs élevés, l'instituteur qui se promène au milieu d'eux, en jouant du violon ou de la flûte, ou qui leur donne le ton sur le piano, leur fait battre la *mesure* à différents temps avec la main et les pieds, et les exerce, d'abord chacun séparément, puis, tous ensemble, afin de former la justesse de l'oreille et de la voix. Il trace en même temps les signes indicatifs des mesures et fait connaître leur valeur. Les enfants regardent ces signes, apprennent à les distinguer, les reproduisent sur leurs ardoises ; écoutent les *sons prononcés*, qui correspondent aux *signes écrits*, apprennent à les reconnaître, à les retenir, à les répéter : la flûte ou le piano leur sert de régulateur et de guide. Ces exercices un peu bruyants les tiennent en action, les occupent, les amusent, les attachent, et ressemblent plutôt à une récréation qu'à une leçon.

Dans une autre classe plus avancée, qui n'a également qu'un petit nombre d'élèves, le maître leur donne les premiers éléments de la musique, en traçant les *notes* avec de la craie sur la grande table noire exposée à leurs yeux : les notes numérotées leur sont présentées successivement, d'abord isolées, puis réunies ; les enfants s'exercent à la fois à les tracer sur l'ardoise et à les chanter. L'instituteur, qui les accompagne avec son instrument, leur fait saisir, observer et appliquer les lois relatives à la *mélodie*, ou à l'arrangement, à la gradation et à la succession des sons. On ne fait jamais durer les classes au-delà d'une heure, pour éviter de fatiguer l'attention par des leçons trop prolongées. Dans la première demi-heure, on s'occupe seulement des notes ; dans la seconde, on commence à chanter de petits airs ou des morceaux détachés, d'une exécution facile, que les enfants ont appris par cœur.

Dans une troisième classe d'un degré supérieur, où sont réunis près de vingt élèves, on leur fait chanter à livre ouvert de la musique notée. L'instituteur les accompagne en jouant de la flûte ou du forté-piano, et les arrête chaque fois qu'un son faux blesse l'*harmonie* que doit produire le parfait accord de leurs voix.

---

[135] Les renseignements biographiques concernant ces personnalités sont malheureusement inexistants.

Dans une quatrième classe qui appartient au même degré que la précédente, mais dont les élèves sont un peu plus forts, environ vingt jeunes gens, réunis sous la direction d'un instituteur qui les accompagne sur le piano, chantent en chœur des paroles mises en musique pour eux, propres à les intéresser et à les instruire, que chacun d'eux à son tour s'exerce à copier et à noter, pendant qu'on les chante : d'abord, des hymnes religieux, capables d'élever l'âme, de la pénétrer d'un saint recueillement et des impressions les plus douces et les plus pures ; puis, des chants de voyage, des airs vifs et joyeux, convenables au caractère de l'enfance et à son activité naturelle. Ici, cette activité, au lieu d'être abandonnée à elle-même ou mal dirigée, est soumise à des lois déterminées[136] ; elle devient régulière et harmonieuse. La leçon est un concert et une fête. Les enfants sont libres et heureux, gais, contents, animés : leur maître est leur ami ; sa présence n'est point pour eux la tête de Méduse[137]. Ils ont toujours, en lui parlant ou en répétant ses leçons, le sourire sur les lèvres. Ils sont, dans la salle d'étude, aussi satisfaits que dans le jardin et dans les théâtres de leurs jeux. Ils développent leurs poumons et tous leurs organes : ils s'habituent, sans se fatiguer, à l'*attention* et à l'*ordre*, deux éléments essentiels du perfectionnement intellectuel et moral. Tout se tient dans les applications variées de la Méthode : elle est le produit d'une seule pensée, qui s'exprime sous mille formes différentes[138].

Dans ce texte très détaillé et fort utile pour notre connaissance de la pratique musicale à Yverdon, Jullien, très poétiquement, se montre peu ou prou un digne héritier de la pensée platonicienne. Il associe la musique à la culture, c'est-à-dire plus psychologiquement à l'intériorité humaine. Il tisse des liens entre ce qu'il appelle « l'âme » et les facultés proprement intellectuelles. Il néglige, cependant, la dualité entre consonance et dissonance.

---

[136] En l'occurrence, des lois intérieures, celles qui régissent le fonctionnement psychique.

[137] Dans la mythologie grecque, symbole de la vanité.

[138] Marc-Antoine JULLIEN (1812). *Esprit de la méthode d'éducation de Pestalozzi suivie et pratiquée dans l'institut d'Yverdon, en Suisse*, pp. 252-270.

En 1874, Roger de Guimps relatera aussi la vie musicale à Yverdon confirmant et complétant le récit de Jullien :

> [...] le chant jouait un très grand rôle à l'Institut Pestalozzi et il faisait la joie de presque tous les habitants de la maison ; on y chantait partout et toujours [...] En commençant les petits enfants y apprenaient à chanter comme ils avaient appris à parler, c'est-à-dire par exercice d'imitation. L'Allemagne possède un grand nombre de mélodies simples et jolies, de caractères très variés ; elles formaient en grande partie le recueil en usage chez Pestalozzi ; les enfants les chantaient avec un extrême plaisir et se formaient ainsi l'oreille, la voix et le goût avant de connaître les notes[139].

Cette dernière remarque est fondamentale. En effet, les enfants pratiquaient spontanément le chant, oralement, sans être encombrés par des artifices théoriques. Ce « chant naturel » ne pouvait se fonder que sur le chant populaire issu de la tradition orale.

La même année, 1812, Jean-Bernard Kaupert*, qui se passionnait pour les idées de Pestalozzi, se trouvait à Morges. De leur côté, Gottlieb Jakob Kuhn* et Johann Rudolf Wyss* publiaient la première édition augmentée de leur belle *Sammlung von Schweizer-Kühreihen und alten Volksliedern* (« Collection de ranz des vaches suisses et chants populaires anciens »), un *corpus* conçu dans l'esprit des fêtes d'Unspunnen.

Simultanément, Nägeli proposera une version abrégée de sa Méthode (1810), sous l'intitulé *Auszug der Gesangbildungslehre, mit neuen Singstoff* (« Précis pour un enseignement du chant, avec de nouveaux exemples »), à laquelle il ajoutera des cartes murales pour ses exemples. Le 21 octobre, il publie, dans l'*Allgemeine Musikalische Zeitung*, un article intitulé *Anrede an die schweizerische Musikgesellschaft, bey Eröffnung ihrer Sitzung zu Zürich,*

---

[139] Cité par Jacques BURDET (1971). *La musique dans le canton de Vaud au XIXᵉ siècle*, p. 409.

den 19ten August 1812 dans lequel il critique l'égocentrisme *(Selbstgefühl)* tout en valorisant l'équilibre entre l'individu et la communauté :

> Der Kern unsers Volks sind unserer Choristen und Orchester-
> leute, die Repräsentanten unsers Adels unserer Solo-Sänger
> und Spieler.

En mettant en valeur, de la sorte, l'importance de la communauté chorale qui renvoie au *Mitgefühl*, Nägeli se rapprochait de la philosophie de Johann Gottlieb Fichte (1762-1814) qui mettait en cause toute forme d'isolement pour l'homme. Dans cet esprit, le Zurichois critiquait la pratique exclusive de la musique instrumentale. Seule l'association harmonieuse entre poésie et musique peut conduire l'homme vers l'amour fraternel avec ses sembla-bles, l'intégrant ainsi au sein de la communauté. Pour lui, la musique vocale forge une charpente sociale susceptible de porter l'homme à la perfection tout en évitant l'aliénation du sujet. La *Singkunst* rend l'homme social, donc sociable. Une dualité complémentaire se constitue, selon lui, entre la choralité et le chant de soliste[140]. Le substantif féminin *Kunst*, riche et complexe, revêtait plu-sieurs significations pour Pestalozzi ainsi que le rappelle Michel Soëtard :

> art, technique, savoir-faire, puissance d'agir... [...] La *Kunst* se
> dégage ainsi au point de rupture entre la démarche sensible et
> la démarche rationnelle de l'homme, entre son engagement so-
> cial et son insatisfaction en présence de toute mise en ordre de
> la société, entre sa fidélité à la nature et l'invite que celle-ci lui
> adresse de se faire désormais une « œuvre de soi-même »[141].

---

[140] James GARRATT (2010). *Music, Culture and Social Reform in the Age of Wagner*, p. 39.
[141] Michel SOËTARD (1981). *Pestalozzi ou la naissance de l'éducateur. Étude sur l'évolution de la pensée et de l'action du péda-gogue suisse (1746-1827)*, p. 384.

Les trois années qui vont suivre seront spécialement marquées par les événements politiques européens. En 1813, l'Acte de Médiation est aboli ce qui n'empêche nullement la Société helvétique de musique d'organiser son rassemblement à Berne. Napoléon défait, l'entrée des armées alliées en Suisse, le 21 décembre, pose la question de l'existence du Canton de Vaud. Le Congrès de Vienne est inauguré le 1er octobre 1814. Il se tiendra jusqu'au 9 juin 1815.

Entre-temps, en 1813, le maître d'école de la Ruhr, Bernhard Christoph Ludwig Natorp (1774-1846)*, publiait une version simplifiée des éditions de Nägeli-Pfeiffer à destination des écoles élémentaires de sa région sous le titre de *Anleitung zur Unterweisung im Singen für Lehrer in Volksschulen* (« Méthode de l'instruction du chant pour les maîtres des écoles populaires »).

En 1814, Silcher* visite, à Francfort-sur-le-Main, la *Pestalozzische Musterschule* qui l'avait particulièrement impressionné. Sa contribution à la pédagogie de la musique sera significative et se distinguera, en outre, de celle que Nägeli* et Pfeiffer* préconisaient. La sensibilité de Silcher l'inclinait davantage à valoriser la tradition orale. En ce sens, il me semble qu'il est possible de la comparer à l'esprit qui a animé les frères Grimm dans leur approche du conte.

En Suisse, le cor des Alpes *(Alphorn)* est alors menacé de disparition et certains auteurs bernois, tel le peintre et graveur Franz Nikolaus König (1765-1832)*, s'en émeuvent.

> On n'entend ni ne voit pratiquement plus de cor des Alpes. L'un des objectifs principaux de la fête d'Unspunnen était précisément de faire revivre la musique alpestre *[Alpenmusik]*, un bel objectif en soi, mais qui a échoué.

Cette question est essentielle si l'on veut bien comprendre l'importance du folklore non point comme une occasion sentimentale de divertir le bon peuple mais, tout au contraire, de libérer son inspiration essentielle. Pestalozzi, dont l'âme était profondément ancrée dans la religiosité, ne pouvait que se sentir proche de telles sources inhérentes à sa conception de l'*Anschauung*, autrement dit à sa *Weltanschauung*. Nägeli, plus engagé dans le processus politique, était tout à fait réfractaire au folklore, ce qui n'a pas été sans conséquences sur sa conception de la pédagogie.

« La longue Diète de Zurich » (1814/15) aboutit à un nouveau pacte fédéral, à savoir au rétablissement des pouvoirs aristocratiques et de l'ancienne confédération d'États.

En 1815, Pestalozzi aura le chagrin de perdre sa fidèle épouse Anna, le 12 décembre. Joseph Schmid*, de retour, tentant de réorganiser l'Institut d'Yverdon, sera l'un des protagonistes des luttes qui éprouveront durement l'école. Pendant ce temps, Nägeli est nommé maître à la *Bürgerschule* de Zurich afin de réformer l'enseignement du chant.

L'Irlandais John Henry Synge (1788-1845)* publie, à Dublin, *A Biographical Sketch of the Struggles of Pestalozzi to Establish his system of Education, Compiled and Translated Chiefly from his own Works, by an Irish Traveller*. Ce faisant, il atteste de sa fidélité à la pensée de Pestalozzi tout en contribuant à appliquer sa pédagogie sur le terrain. Une Société de musique est fondée à Berne. Sur le plan historique, le 18 juin, Napoléon et les Français sont battus à Waterloo par Arthur Wellesley (1769-1852), futur duc de Wellington. Les régimes aristocratiques sont rétablis en Suisse. Avec le pacte, néanmoins fragile, des vingt-deux cantons, le pays posait pour la première fois, de sa propre initiative, les fondements d'un statut d'ensemble. Genève, le Valais et Neuchâtel entraient dans la Confédération. Au Congrès de Vienne, les grandes puissances européennes reconnaîtront sa neutralité perpétuelle.

Silcher* s'installe à Stuttgart où il enseigne la musique en privé tout en parachevant ses études musicales auprès de Conradin Kreutzer (1780-1849) et de Johann Nepomuk Hummel (1778-1837). Nägeli* composait, alors, la mélodie pour le cantique du pasteur et théologien Georg Gessner (1765-1843), *Lobt froh den Herrn* (1795).

Cette composition, remarquablement équilibrée, est magnifique. Elle exprime un véritable élan qui se déploie sur un *ambitus* exceptionnellement large de onzième.

À partir de cette année 1815, le musicien américain pestalozzien Lowell Mason (1792-1872)*, sur lequel je reviendrai plus loin, est nommé *superintendent* de la *Sunday school* de l'*Independent Presbyterian Church*.

En 1816, Hermann Krüsi (1775-1844)* quitte Pestalozzi sur un désaccord tandis que Franz Xaver Schnyder von Wartensee* le rejoint. Sa tâche ne sera guère aisée car, outre ses douze à treize heures de cours hebdomadaires au château et un enseignement destiné à cinquante « jeunes filles obéissantes et joyeusement chantantes » *(willige, gesanglustige Mädchen)*[142], il devra gérer de sérieux problèmes de discipline[143]. En effet, son prédécesseur, l'Allemand Johann Matthäus Gwinner (?) de Stuttgart[144],

---

[142] SCHNYDER VON WARTENSEE, *Lebenserinnerungen*, p. 301.

[143] Ce qui pourrait quelque peu contredire le récit de Jullien.

[144] Gwinner n'est resté que peu de temps chez Pestalozzi : de mars à décembre 1816.

n'avait pas su la faire régner dans le domaine de l'apprentissage musical comme Schnyder l'indique lui-même dans ses *Lebenserinnerungen* («Mémoires») qui paraîtront *post mortem* en 1887 :

> [Gwinner] était pourtant un homme plein de cœur, mais ses nerfs manquaient de résistance [*ein herzensguter, doch nervenschwacher Mann und unwissender Musiker*[145]]. Il ne savait pas tenir les enfants en bride. Ceux-ci, pendant les leçons de chant, sautaient par-dessus les chaises et les tables en faisant un vacarme diabolique. Gwinner tentait de rétablir l'ordre, mais la colère le faisait trembler et bégayer, au grand amusement de la classe[146].

Il semble donc qu'en 1816, soit six ans après la publication du traité de Nägeli* et Pfeiffer*, la pratique pédagogique de la musique à Yverdon ne suscitait pas une attitude à la fois sérieuse et respectueuse de la part des enfants. En l'occurrence, Schnyder von Wartensee va rétablir cette situation en exigeant de Pestalozzi

> qu'aucune dispense ne fût accordée pour la leçon de chant et l'autorisation de faire subir à chaque garçon un examen qui permît de le placer définitivement et sans appel dans telle ou telle classe de musique[147].

Mais les élèves rusèrent afin d'échapper à cet enseignement qui devait leur paraître ennuyeux sinon terrible. Schnyder ne s'est point découragé et leur a même déclaré :

> Garçons, vous savez que cette heure de chant est fixée définitivement. Je ne puis évidemment contraindre à chanter celui qui ne le veut pas. En revanche, je puis l'obliger à ne manquer aucune leçon, à se tenir tranquille et à ne déranger le travail en aucune façon. Je n'exigerai de vous que ce qui est nécessaire aux progrès de l'enseignement, toutefois vous devrez vous soumettre avec ponctualité à ce que j'exigerai. Je vous fais part

---

[145] Selon le texte original (*Lebenserinnerungen*, p. 299).
[146] Cité par Jacques BURDET (1971). *La musique dans le canton de Vaud au XIXe siècle*, p. 410.
[147] *Ibid.*

de ma volonté amicalement. Mais si vous ne voulez pas comprendre, vous me forcerez à utiliser des mots plus secs et plus sonnants. Si décidément vous voulez passer outre, alors je vous tiendrai pour des créatures incapables de comprendre le langage humain et je me verrai obligé d'employer avec vous les moyens dont on use avec les anormaux pour leur faire entendre raison[148].

Plus ferme que Pestalozzi, Schnyder a réussi à obtenir des résultats substantiels non sans peine. Les filles de l'Institut dirigé par Rosette Niederer-Kasthofer (1779-1857) lui ont procuré davantage de satisfactions. Enfin, il a eu du plaisir à s'occuper des plus motivés, désireux de se perfectionner auprès d'un musicien professionnel de qualité. Schnyder participait, pour chaque fin de journée, à un temps de communion dans la chapelle du château au cours duquel il faisait

> exécuter par l'assemblée entière un chœur à quatre voix mixtes avec l'accompagnement du petit orgue domestique placé dans la salle à cette intention[149].

En tant que chambriste, il a, de même, participé à des soirées musicales organisées chez les Niederer. Y collaboraient, entre autres, Regina-Dorothea Koller (1800- ?), une élève de Nägeli*, le ténor Wilhelm-Heinrich Ackermann (1789-1848) et la basse Wilhelm Stern (1792-1873).

Le compositeur, trompettiste et organiste Ferdinand Fürchtegott Huber (1791-1863)* rentre en Suisse également en 1816. Il va essentiellement s'appliquer à forger une expression nationale, idiomatique, dans l'esprit romantique. C'est ainsi qu'il a mis en musique les poèmes en dialecte de Gottlieb Jakob Kuhn*, et, qu'impressionné par le monde alpestre, il a collecté et étudié les mélodies populaires. Il a, de même, valorisé le cor des Alpes et in-

---

[148] *Ibid.*, p. 411.
[149] *Ibid.*, p. 412.

troduit dans ses *Lieder* des passages en *jodel* pur reproduisant les improvisations des armaillis.

En août de la même année, la Société helvétique de musique se réunit à Fribourg, en présence de l'Allemand Louis Spohr, pour l'exécution de *Die Schöpfung* (1798) de Joseph Haydn qui sera encore donnée, à Lausanne, le 12 décembre suivant, sous la direction d'Ignace-Bathélemy Le Comte (1747-1818). En l'occurrence, c'était la première fois que l'on entendait un oratorio dans le Canton de Vaud.

Dans l'*Allgemeine Musikalische Zeitung* de 1816, Nägeli* livre une intéressante considération que l'on retrouvera, en tant que forte préoccupation, dans l'Angleterre industrielle :

> La plupart des humains sont obligés de se livrer presque tout le temps à un travail qui est épuisant pour au moins un des aspects de leur personnalité. Ce travail terminé, leur nature exprime ses exigences, et sa voix est assurément la plus forte ; or ce qu'elle veut, ce n'est pas une libre activité, mais le repos[150].

Le 12 janvier 1817, à l'occasion de l'anniversaire de Pestalozzi, Franz Xaver Schnyder von Wartensee* compose une cantate – *Die Zoeglinge und Freunde Pestalozzi's an dem Morgen seines 72. Geburtstages* –, sur un texte du philosophe allemand Karl-Heinrich Marx (1794-1853), enseignant à Yverdon de 1815 à 1817. Le musicologue vaudois Jacques Burdet (1905-1984)* raconte l'événement :

> Le temps qu'il [Schnyder von Wartensee] consacra à cette partition fut l'un des plus heureux de sa vie, car il avait trouvé ainsi une occasion de manifester son enthousiasme et sa reconnaissance pour le grand éducateur. [...] La cantate fut exécutée à 6 heures du matin dans la chapelle du château, ornée de fleurs

---

[150] Cité par Ulrich ASPER (1994). *Hans Georg Nägeli : Réflexions sur le chœur populaire, l'éducation artistique et la musique d'église*, p. 16.

et de guirlandes, en présence de plusieurs amis de Pestalozzi. Elle produisit une impression profonde. Lorsque [Wilhelm] Stern, en particulier, chanta son air de basse, où se trouvait une allusion à la mort de Mme Pestalozzi, bien des larmes coulèrent dans l'assistance[151].

Peu après, la tragédie de la chute de l'Institut commençait à la Pentecôte avec l'annonce du départ de Johannes Niederer*. La rupture sera, à la fois, difficile et compliquée. Cet homme acharné mènera durant des années un procès contre Pestalozzi et son collaborateur Joseph Schmid*. Schnyder von Wartensee quitte aussi Yverdon pour s'établir à Francfort où il composera, donnera des leçons et fera jouer sa musique. L'intéressant Joseph Gersbach (1787-1830)* lui succède. Entre-temps, le 18 mars, le compositeur Johann Jakob Walder* s'est éteint à Zurich. Ferdinand Fürchtegott Huber * est nommé professeur de composition, à Hofwil, près de Berne, dans l'Institut de Philipp Emanuel von Fellenberg (1771-1844). Les années qui vont suivre seront riches de succès pour ce créateur profondément ému face au paysage des montagnes et de la nature, en général, qui touche son imagination dans le domaine, si peu connu, de l'*Alpenmusik*. Son esprit et son expression témoignent de ces valorisations sonores transmises aussi par l'*Alphorn*.

Le 3 octobre 1817, Philipp Friedrich Silcher* est nommé *Kantor* et directeur de la musique *(Universitätsmusikdirektor)* à l'université de Tübingen et professeur au Collège évangélique *(Evangelische Stift)* ainsi qu'au *Katholische Wilhelmsstift*. Il y comptera parmi ses élèves d'éminentes personnalités telles que l'écrivain Eduard Mörike (1804-1875), le théologien et philosophe David Friedrich Strauß (1808-1874), l'historien, philosophe et écrivain Friedrich Theodor Vischer (1807-1887), l'écrivain Hermann Kurz (1813-1873) et le poète Wilhelm

---

[151] Jacques BURDET (1971). *La musique dans le canton de Vaud au XIXe siècle*, pp. 412-413.

Hauff (1802-1827). Nägeli* publie *Gesangbildungslehre für den Männerchor*, fondement d'une future « École de chant choral » contenant trente exemples d'exercices à quatre voix, dix-huit *Lieder*, dix-huit *Rundgesänge* (rondes) et quinze chœurs d'hommes. Il s'agissait, en l'occurrence, des premières compositions conçues pour un tel ensemble. L'auteur voulait

> établir une méthode concernant l'élément organique de la masculinité et les traits typiques de la virilité, en vue aussi bien de l'exercice mécanique du chant que de l'effet *esthétique* à produire par l'art du chant[152].

Le mot « esthétique » apparaît dans cet extrait. Au XVIIIe siècle, il a pris une certaine dimension[153] par le fait que ce mot a été « réinventé » intellectuellement par Alexander Gottlieb Baumgarten (1714-1762), en 1735[154], pour défendre des positions pour le moins contradictoires. Car, en effet, la question du Beau ne saurait être séparée de celle du Vrai et du Bon. Il semblerait que cela soit un lieu commun pourtant cette triade fait partie intégrante de la vie et de son sens. Quelle est, en définitive, sa signification ? L'esthétique est relative à l'extériorité, à l'excitant ou à une cause accidentelle. Positivement, elle serait en relation de dualité complémentaire avec l'éthique, expression de l'intériorité ou *excitabilité*[155] ou cause essentielle. Pour Ansermet*, il s'agit d'une

> manifestation en extériorité de l'éthique. L'esthétique, issue de la conscience irréfléchie de soi et non de déterminations volon-

---

[152] Cité par Ulrich ASPER (1994). *Hans Georg Nägeli : Réflexions sur le chœur populaire, l'éducation artistique et la musique d'église*, p. 20.
[153] Marc SHERRINGHAM (2003). *Introduction à la philosophie esthétique*. Paris : Payot.
[154] *Meditationes philosophicae de nonnullis ad poema pertinentibus* (« Méditations philosophiques sur quelques sujets se rapportant à l'essence du poème »).
[155] Voir note 10.

taires, acquiert de ce fait un caractère subjectif de nécessité que l'on appelle le style, et qui n'est autre que le témoignage d'une certaine modalité d'être de l'homme, même s'il est lié au milieu historique[156].

Le 12 janvier 1818, le *Discours de Pestalozzi à sa maison* prend une importance bien particulière car il se situe au cœur de la dispute qui déchire Yverdon depuis le départ fracassant de Niederer*. Le même jour, Hermann Krüsi* annonce la fondation d'un établissement concurrentiel. En juillet[157], le mystique anglais James Pierrepont Greaves (1777-1842)* rejoint Pestalozzi à Yverdon avec un groupe de *boys*. Il était un fervent adepte du Silésien Jacob Böhme (1575-1624)*.

Jakob Stutz (1801-1877)* écrit ses premières ballades populaires alors que l'instituteur de Brienz, Johannes Kehrli (1774-1854)*, fait tracer un chemin conduisant aux cascades du Giessbach et construire un abri. Là, par beau temps, sa famille au grand complet chantait pour les étrangers pendant qu'il jouait du cor des Alpes. Il accueillait chez lui de nombreux visiteurs et accompagnait au piano la chorale formée de ses cinq enfants. Ce type d'activité spontanée témoigne d'un autre aspect de la pratique musicale en Suisse, complémentaire, ancré dans l'amour essentiel de la nature. Les orientations musicales de Pestalozzi, Nägeli*, Pfeiffer* et de leurs adeptes sont

---

[156] Ernest ANSERMET (1961, 1989). *Les fondements de la musique dans la conscience humaine*, p. 1072.

[157] Un problème de datation se pose quant à l'arrivée de Greaves à Yverdon. À cela, Michel Soëtard précise que « seule l'arrivée en 1818 est, à ma connaissance, avérée. [...] Il est indiqué dans l'Édition critique (vol. 26, p. 367) que Greaves arriva à Yverdon en juillet 1818 et qu'il y séjourna quatre années avec des interruptions. En août 1818, il adresse au Premier ministre anglais [Robert Banks Jenkinson] un mémorandum détaillé sur la Méthode. En septembre 1818, à l'ouverture de l'Institut de Clendy, il enseigne l'anglais aux petits pauvres (voyez la longue notice pp. 367-372). »

associées à ces sources même si, de prime abord, l'aspect théorique et méthodique semble prévaloir.

La même année, le beau recueil, *Sammlung von Schweizer-Kühreihen und Volksliedern*, de Gottlieb Jakob Kuhn* est publié à Berne, avec une belle gravure en frontispice. On y voit un armailli souffler énergiquement dans un cor des alpes, du haut de sa montagne, face à un lac. Sur un autre registre, la Société helvétique de musique organise ses rencontres à Zurich. De son côté, Nägeli* essuie tristement un échec avec la souscription qu'il a lancée pour la publication de la Messe en *si* BWV 232 (1725/49) de Bach.

Toujours en 1818, le Bordelais Pierre Galin (1786-1822)* publie sa remarquable *Exposition d'une nouvelle méthode pour l'enseignement de la musique*, rare tentative française de donner cohérence à une pédagogie de la musique.

Le 18 février 1819, Pestalozzi adresse, d'Yverdon, une précieuse lettre à Greaves qui se trouve aussi à Yverdon. Il y est question de musique et notamment de la mélodie dont le rédacteur propose une émouvante et juste définition :

> Lettre sur la « première éducation » de Pestalozzi
> Raffinement et minutie peuvent faire beaucoup, tant qu'ils sont maintenus par une attention constante ; quelque chose de naturel, cependant, quelque chose de véritable manquera ; et même l'observateur non averti sera frappé d'une retenue incompatible avec l'atmosphère de sympathie[158].
> Maintenant que j'aborde le sujet, je ne manquerai pas de parler d'un support de l'éducation morale parmi les plus efficaces. Vous êtes conscient qu'il s'agit de la *musique*, et non seulement vous connaissez mes sentiments sur ce sujet, mais vous avez aussi observé les résultats très satisfaisants que nous avons obtenus dans nos écoles. Les efforts de mon excellent

---

[158] Un terme essentiel qui sera, notamment, repris par Sir Charles Hubert Hastings Parry (1848-1918).

ami Nägeli, qui a réduit avec autant de goût que de jugement les grands principes de son art à ses plus simples éléments, nous ont permis d'amener nos enfants à une maîtrise qui, dans tout autre plan, doit être l'œuvre de beaucoup de temps et de labeur.

Ce n'est pas cette maîtrise que je décrirais comme un accomplissement désirable d'éducation. C'est l'influence marquée et très bénéfique de la musique sur les sentiments, que j'ai toujours observée comme étant la plus efficace, pour préparer, ou comme pour accorder l'esprit aux meilleures impressions. L'exquise harmonie d'une interprétation supérieure, l'élégance étudiée de l'exécution, peuvent en effet satisfaire le connaisseur ; mais c'est la grâce, simple et naturelle, de la mélodie qui parle au cœur de chaque être humain. Nos propres mélodies nationales, qui résonnent depuis des temps immémoriaux dans nos vallées, sont chargées de réminiscences des pages les plus brillantes de notre histoire et des scènes les plus attachantes de la vie domestique.

Mais l'effet de la musique dans l'éducation n'est pas seulement de maintenir vivant un sentiment national ; cela s'ancre plus profondément ; si elle est cultivée avec un esprit juste, elle s'attaque à la racine de tout sentiment mauvais ou étroit, de toute tendance égocentrique ou méchante, de toute émotion non digne de l'humanité.

En disant cela, il se peut que je cite une autorité qui requiert toute notre attention, étant donné le caractère élevé et le génie de l'homme en question. C'est bien connu qu'il n'existait pas d'avocat aussi éloquent et enthousiaste à propos des vertus de la musique que le vénérable Luther. Mais bien que sa voix s'est fait entendre et est toujours maintenue au plus haut degré d'estime parmi nous, l'expérience a parlé encore plus fort et la proposition qu'il était parmi les premiers à faire valoir s'est indéniablement vérifiée. L'expérience a prouvé depuis longtemps qu'un système reposant sur le principe de sympathie serait imparfait s'il se refusait l'assistance de ces puissants moyens de culture du cœur. Ces écoles ou ces familles dans lesquelles la musique a conservé le caractère joyeux et chaste, qui est si important qu'il faudrait le préserver, ont toutes sans exception connu des scènes de sentiment moral et par conséquent de bonheur qui ne laisse aucun doute quant à la valeur intrinsèque de cet art, qui n'a sombré dans la négligence et dégénéré dans l'abus qu'aux âges de barbarie et de dépravation.

Je n'ai pas besoin de vous rappeler l'importance de la musique lorsqu'il s'agit de générer et d'aider les plus hauts sentiments

dont l'homme est capable. Il est presque universellement reconnu que Luther vit la vérité quand il désigna la musique,
dénuée de pompe étudiée et de vains ornements, dans sa simplicité solennelle, comme l'un des moyens les plus efficaces
d'élever et de purifier d'authentiques sentiments de dévotion.
Dans nos conversations sur ce sujet, nous n'avons fréquemment su que dire quant à cette circonstance : dans votre propre
pays, bien que ce fait y soit généralement reconnu, la musique
ne constitue pas une caractéristique plus importante dans
l'éducation générale. Il semblerait que la notion prévaut selon
laquelle cela nécessiterait plus de temps et d'application que ce
que l'on peut commodément lui accorder, pour faire que son
influence s'étende également sur l'éducation du peuple.
Maintenant, je ferais appel, avec la même confiance, à
n'importe quel voyageur comme je le ferais à vous, pour savoir
s'il n'a pas été frappé par la facilité et le succès avec lesquels
elle est cultivée parmi nous. Il n'y a guère plus d'une école de
village dans toute la Suisse, et peut-être n'y en a-t-il aucune à
travers l'Allemagne ou la Prusse, dans laquelle rien n'est fait
pour acquérir au moins les bases de la musique d'après la méthode nouvelle et plus appropriée.
C'est un fait qui ne peut pas être difficile à observer, et qu'on
ne pourra pas discuter ; et je conclurai cette lettre en exprimant
l'espoir que nous avons nourri ensemble, que *ce fait ne sera*
pas oublié dans un pays qui n'est jamais resté en arrière pour
suggérer ou adopter des améliorations lorsqu'elles étaient
fondées sur des faits, et confirmées par l'expérience[159].

Il convient, à la suite d'un tel document, précieux pour
l'hymnologie, de s'arrêter sur ce qu'est véritablement la
mélodie. En tant qu'expression autonome, elle n'a malheureusement jamais été étudiée sérieusement du seul fait
qu'elle n'est généralement pas considérée comme une
pure production de la psyché mais comme un simple objet
extérieur complètement dépourvu de sens, voire même de
sentiment. En réalité, la mélodie est l'expression d'une
collaboration essentielle entre pensée et sentiment, entre
sujet et objet, objet et sujet. Elle est un symbole sonore en

---

[159] Johann Heinrich PESTALOZZI (1898). *Letters on early education*
addressed to J. P. Greaves, esq., p. 95-98. Dans cette édition, la lettre
est datée du 18 février 1827.

tant que manifestation du calcul psychologique. Sa *cause première* est le mystère dont elle est une signature sonore, un ensemble cohérent et harmonieux. À l'instar du langage énigmatique des mythes, la mélodie, parce que liée au désir humain, exprime ses transformations énergétiques *(Kräfte)*. Envisager la qualité de la mélodie exige d'aboutir à une compréhension approfondie de la psychologie humaine. Les différentes étapes de sa création sont relatives à l'évolution du fonctionnement psychique. Son approche exige aussi de saisir l'enchaînement des analogies essentielles. Le psychologue français Maurice Pradines estimait qu'elle apparaît comme « une force torrentielle » de laquelle se détachent des sons beaucoup plus qu'elle ne s'en forme elle-même[160]. La mélodie et toutes les formes d'expression inhérentes au langage musical sont, tout comme les mythes, l'image de la vie dans son ensemble, de tous ses problèmes et de toutes ses perspectives. D'une certaine façon, il est possible de la considérer comme une énigme à résoudre. Cependant, cette création n'est pas arbitraire : elle est une projection idéalisante et personnifiante des conflits dont est ravagée la psyché humaine. La mélodie, esprit et matière, se fonde sur les motifs qu'elle exprime à partir de l'extraconscient et du conscient. Mélodie (μελῳδία) et Parole (λόγος) sont des formes d'extériorisation de tout ce qui constitue la vie intérieure de l'homme, la vie psychique. Elles expriment la vie des sentiments et des pensées qui naissent et se transforment sans cesse dans le psychisme et sont en relation analogique en tant qu'elles manifestent la vie intérieure et révèlent, selon leurs modalités propres, la légalité qui la régit. Les couleurs, les parfums et les sons suscitent en nous des sensations agréables ou désagréables mais les sons les élèvent au niveau des émotions. Ils entrent spontanément en résonance directe avec la sphère des

---

[160] Maurice PRADINES (1946). *Traité de psychologie générale*, tome II, p. 258.

4) ... Les couleurs et les parfums aussi bien que
   moins profondément

sentiments. De la sorte, la mélodie est une suite de sons dont l'ordre, la hauteur et l'intensité sont le reflet des mouvements les plus intimes de la vie psychique. Elle émane plus ou moins spontanément de la psyché et l'on peut dire qu'elle est un aspect de l'instinctivité, principe d'adaptation et d'orientation de toute vie. C'est pourquoi elle est à même de toucher l'âme de tous les hommes réceptifs. Il en découle que mélodie et vie de l'âme sont en relation biunivoque : la mélodie peut être l'expression sincère et juste des sentiments, sauvegardée dans sa pureté originelle par la tradition, ou développée et enrichie au fil du temps ou, au contraire, mécomprise, délaissée, voire dénaturée dans les époques décadentes. La relation psyché-mélodie ainsi que le problème de l'authenticité et de l'universalité de ce que la mélodie exprime se trouve ainsi posé. La solution ne peut se dégager que de l'étude des lois qui régissent le psychisme. Une telle étude ne saurait se limiter à une connaissance intellectuelle de la légalité, une connaissance purement théorique : elle nécessite une vérification expérimentale, une auto-observation des phénomènes psychiques. Il s'agit de prendre conscience – c'est-à-dire, voir consciemment en soi – des sentiments, des pensées et des actes volontaires qui nous habitent, de leurs relations, de leurs transformations dans le temps et de leur rapport avec nos attitudes et comportements afin de tendre vers la joie de vivre. Les lois régissant les phénomènes psychiques fondamentaux, les fonctions psychiques et le processus de la délibération étant définis, il devient possible d'établir qu'il existe un rapport analogique entre les formulations conceptuelles du calcul de satisfaction et les « formulations sonores » que sont les mélodies. Les mélodies expriment par des sons les mouvements intimes de l'âme comme le langage les exprime en images et concepts. Si la mélodie extériorise les sentiments, les émotions, et, inversement, les fait naître dans la psyché de celui qui l'écoute, le langage extériorise la pensée, les jugements ; chacun, dans son langage spécifique, extériorise les valeurs et les non-valeurs. La musique et le langage sont les reflets de la justesse de la délibération, du degré d'harmonie et d'authenticité de l'homme qui les exprime. La cohérence entre les émotions et le sens de la vie constitue le critère de la vraie valeur. La psyché émotivement touchée produira de belles mélodies, vraies et bonnes, tout comme elle sera capable d'entendre essentiellement celles qui proviennent du monde extérieur. En cela, elle aura la capacité objective de les juger, de les estimer à leur juste valeur. La « façade narrative », symbolique, de la mélodie a un sens caché qu'il s'agit donc de chercher et de trouver. Les causes secrètes d'une composition mélodique sont les motifs intimes. La mélodie, en tant qu'objet doté de qualités est un mode de l'existence. C'est pour cela que nous ne pouvons qu'admirer les réflexions du chef d'orchestre Ernest Ansermet* lorsqu'il affirme que

> tant que ces mouvements sonores [relatifs à la mélodie] se passeront en dehors de nous, on n'y trouvera rien qui puisse constituer en soi la beauté ou un sens.

En l'occurrence, une mélodie est, à la fois, relative à l'excitable intérieur – en tant que création émanant de l'intériorité –, et à l'excitant extérieur. Dans le premier cas, elle est sujet, dans le second, objet. En tant que citation, elle devient un excitant.

> La mélodie n'est pas seulement l'événement premier de la musique ; elle en est l'événement permanent[161].

Dans sa belle lettre à son ami Greaves, Pestalozzi emploie le mot de « sympathie » relatif à la joie essentielle, celle que l'on partage simultanément avec soi-même et avec les autres. Nägeli* et Pfeiffer* l'avaient déjà évoqué dans leur ouvrage de 1810 :

---

[161] Ernest ANSERMET (1971). *Écrits sur la musique*, p. 42.

La puissance de la sympathie, sentiment commun même physique, que l'on trouve dans le chant choral est un agent indescriptiblement dynamique de la formation de la personne. La puissance de la sympathie l'emporte et de loin, sur tous les avantages d'un enseignement individuel[162].

Un autre Anglais, l'aumônier Charles Mayo (1792-1846)*, séjourne au château d'Yverdon en 1819. La même année, un grand événement populaire est organisé avec la *Fête des Vignerons*. David Glady (1776-1835), maître de musique d'origine strasbourgeoise, s'est établi à Vevey en 1818. Il y a dirigé la Musique militaire du Ier arrondissement. Il est chargé de choisir des mélodies alors appréciées par le public. On y entonne le *Ranz des vaches* pour la première fois. Toujours dans l'esprit pestalozzien, Silcher* édite, à Tübingen, ses *Melodien aus dem Würtembergischen Choralbuche, dreistimmig für Schulen, Kirchen und Familien bearbeitet*. Le philosophe Arthur Schopenhauer* publie *Die Welt als Wille und Vorstellung* (« Le monde comme représentation et comme volonté ») où il est aussi largement question de musique. Il connaissait déjà Pestalozzi pour avoir visité l'Institut de Burgdorf en 1804. La mise en perspective des conceptions éducatives de Pestalozzi et des réflexions philosophiques contemporaines sur la musique s'avère stimulante pour une meilleure compréhension de l'art des sons trop souvent confiné à sa seule dimension esthétique et formelle.

Quelques étudiants de Berne et de Zurich se rencontrent à Zofingue, dans le Canton d'Argovie, en juillet 1819. Ainsi naquit la Société d'étudiants dite de Zofingue, véritable foyer de réflexion et d'imagination.

Le 15 juillet de la même année, dans une lettre adressée à l'Archiduc Rodolphe, Beethoven fait allusion à Pestalozzi et à son élève suisse Joseph Blöchlinger von

---

[162] Cité et traduit par Édouard GARO (1985). *L'enseignement et la musique à l'école selon Pestalozzi*, pp. 1-38. In *Pestalozzi, l'enfant et la musique*, p. 34.

Bannholz (1788-1855)* alors propriétaire d'une institution où le compositeur avait placé son neveu Karl. Le pédagogue ne se montre guère optimiste à son endroit.

Entre 1819 et 1823, de nombreux Anglais vont visiter l'Institut d'Yverdon et manifester le plus grand intérêt. Cette relation entre les cultures anglaise et suisse est certainement fondée sur une conception commune de la morale. En tant qu'expression de l'ēthos, la musique y prend toute sa dimension comme l'atteste, entre autres, la pratique chorale de ces deux peuples.

La section de Lausanne de la Société de Zofingue est fondée en 1820. Elle jouera un rôle essentiel dans l'histoire du chant choral populaire vaudois. Elle voit le jour dans un contexte religieux spécifique avec le « Réveil » marqué par les courants piétiste et méthodiste. Le 6 novembre, le théologien Alexandre Vinet (1797-1847) écrit à Louis Vulliemin (1797-1879) sur la nature du répertoire choral :

> Je crois que des chants helvétiques doivent porter essentiellement l'empreinte d'une simplicité mâle. [...] Il faut que nos chansons soient une propriété nationale et non l'exclusive jouissance de quelques lettrés[163].

En cela, il rejoignait singulièrement les préoccupations de Nägeli.

Il est intéressant de savoir qu'au même moment, en Angleterre, le poète-paysan John Clare (1793-1864) entreprenait sa collecte de *folk-songs* et Philipp Friedrich Silcher (1789-1860)* créait, à Tübingen, son *Akademische Liedertafel*[164]. Une eau-forte coloriée de Johann Jakob

---

[163] Jacques BURDET (1946). *Les origines du chant choral dans le canton de Vaud*, p. 66.

[164] À l'origine, un petit ensemble de poètes, chanteurs et compositeurs désireux de chanter naturellement à plusieurs voix. Zelter* donnera à ce concept toute sa valeur lorsqu'il constitue, à Berlin le 21 décembre 1808, le premier groupe qui deviendra la célèbre *Singakademie*. C'est dans un esprit différent mais néanmoins proche que Nägeli fondera, en

Wetzel (1781-1834), représentant Yverdon, correspond à cette recherche du sublime. Le commentaire du peintre et architecte prussien Karl Friedrich Schinkel (1781-1841) atteste simplement de cet émerveillement :

> Les promenades au bord du lac sont superbes ; on a devant soi une immense étendue d'eau ; au fond les montagnes de la Suisse, toute la chaîne des glaciers, et sur le côté la ville de Neuchâtel avec derrière elle les sommets du Jura[165].

C'est dans cet esprit que le Bernois Niklaus von Mülinen (1760-1833)* ressuscitait la tradition du cor des Alpes en faisant fabriquer des instruments qu'il remit à de talentueux musiciens de Grindelwald (BE) formés ensuite au cor des Alpes entre 1826 et 1927. Par ailleurs, la Société helvétique de musique se manifestait à Bâle.

Entre-temps, en mars 1820, Beethoven s'était intéressé à Pestalozzi et s'en était entretenu, à Vienne, avec un disciple de ce dernier, Joseph Urban Blöchlinger von Bannholz (1788-1855)* qui déclarait non sans lucidité :

> Les principes de Pestalozzi ne conviennent qu'à peu de gens, car il vécut trop pour l'humanité pour que d'autres aient le désir de l'imiter, c'est pourquoi on plaisante volontiers sur lui. Il existe entre lui et beaucoup de nos éducateurs actuels la même différence qu'entre le Christ et les Pharisiens[166].

En 1821, Pfeiffer* et Nägeli* éditent, à Zurich, sa *Chorgesangschule von Michael Traugott Pfeiffer* und Hans Georg Nägeli* dans laquelle il incorpore son « École du chant choral masculin » de 1817. Il est intéressant de constater que ces deux pédagogues s'intéressent, dans un tel travail, à la formation épistémologique du chef de

---

1810, son chœur d'hommes *(Männerchor)*. Il donnera, ce faisant, l'exemple dans le monde d'expression allemande.

[165] Peter F. KOPP, Beat TRACHSLER, Niklaus FLÜELER (1983). *La Suisse aux Couleurs d'autrefois*, p. 208.

[166] Cité par Luigi MAGNANI (1971). *Les carnets de conversation de Beethoven*, p. 23.

chœur. On y trouve, de surcroît, six Motets, quatre rondes *(Rundgesänge)*, un Psaume, une Litanie, une Hymne ainsi qu'une Petite cantate à la Musique *(Cantatine an die Tonkunst)*. Nägeli reprend l'essentiel concept de l'« aperception », ou *Anschauung*, également cher à Pestalozzi :

> Par la formation artistique en général et esthétique en particulier, Pestalozzi cherche à faire que l'esprit du pupille *[Zögling]* entre en action : il veut même – et c'est le but principal de la formation artistique *[Kunstbildung]* – que celui-ci prenne conscience de sa force productrice et en acquière la maîtrise. [...] Mais en obligeant le pupille à acquérir au-dedans *[innerlich]* de lui l'aperception des productions de l'art (en l'occurrence des séries de sons *[Tonreihen]* données) qu'il a saisies par ses sens (l'oreille ET l'œil) et à fixer en lui cette aperception, cette méthode artistique lui assure une appropriation de l'art, lui assure la jouissance artistique, en tant qu'elles sont de NATURE SPIRITUELLE *[als einen geistigen]*, et le met ainsi en mesure de récolter pour son esprit les fruits et les richesses d'un art dont les racines, selon l'ordre de la nature, se sont nourries du terreau de ses sens. C'est pourquoi, sans faire violence à la langue, on peut décerner à la méthode artistique qui porte de tels résultats le nom de MÉTHODE FÉCONDANTE *[Befruchtungslehre]*[167].

Il s'agit effectivement de la prise de conscience réfléchie, au sens où le comprendra Ansermet*, de l'objet de la perception. Autrement dit, de la relation fondamentale entre le sujet et l'objet. Qu'est-ce que le sujet ? L'être vivant. Et Paul Diel* de poser la question :

> Étudier le sujet comme s'il n'était qu'un objet, ne serait-ce pas éliminer de l'investigation scientifique l'objectif essentiel, la vie ?[168]

---

[167] Cité par Ulrich ASPER (1994). *Hans Georg Nägeli : Réflexions sur le chœur populaire, l'éducation artistique et la musique d'église*, p. 34.

[168] Paul DIEL (1973). *La peur et l'angoisse*, p. 8.

Dans l'objet, qui est le monde extérieur, extensif et quantitatif, on ne rencontre aucune réalité, mais seulement un symbole de la réalité. La réalité est toujours dans le sujet.

L'objet une fois séparé du sujet, il devient impossible d'expliquer de quelle manière le sujet saurait, à l'aide de la compréhension, ressaisir son objet ; la manière dont il pourrait le comprendre devient inexplicable[169].

Tout cela, Pestalozzi et Nägeli* le savaient intuitivement, ce qui fait d'eux de véritables précurseurs de la psychologie de la musique[170]. Dans ce même traité, Nägeli* reprend la définition du mystique silésien Jacob Böhme (1575-1624)* qui qualifie la musique de « saint jeu de Dieu ». Le pédagogue zurichois insiste sur la nécessité de partager une pulsion commune dans le chœur d'où l'importance qu'il attribue au rythme tout en créant une confusion entre l'une et l'autre :

Dans le domaine mélodique *[Im melodischen Element]*, il n'est pas toujours possible d'obtenir de toutes les voix une totale justesse au sens le plus strict ; dans le domaine de la dynamique, même quand la masse sonore aboutit à une nuance satisfaisante, on peut se demander si celle-ci n'a pas été obtenue par la neutralisation réciproque d'écarts de nuance contraires produits dans le détail des voix. Dans le domaine rythmique, en revanche, le moindre écart, que ce soit de plusieurs ou même d'une seule voix, se remarque aisément et doit par conséquent être corrigé par le régent de chœur[171].

Dans l'esprit de Nägeli*, le *calcul mélodique* doit correspondre à la « pureté » de l'intonation :

[169] Paul DIEL (1962). *Psychologie de la motivation*, pp. 19-20.

[170] Pour éviter toute confusion, je voudrais préciser, dans ce contexte, qu'il s'agit de *psychologie des motifs* et non de telle ou telle psychologie dite « cognitive ».

[171] Cité par Ulrich ASPER (1994). *Hans Georg Nägeli : Réflexions sur le chœur populaire, l'éducation artistique et la musique d'église*, p. 48.

La pureté *[Reinheit]* est pour le chœur – n'ayons pas peur d'employer un grand mot – ce qu'est pour un peuple la propreté *[Reinlichkeit]*. De même qu'un peuple ne peut grandir sans la propreté, de même un chœur ne progresser sans la pureté. [...] Par conséquent, un chœur qui chante manifestement faux a une existence morne, morose *[ein trübes, unerfreuliches Daseyn]* ; par lui, point de vigueur dans la vie populaire et point de joie populaire *[Volksfreude]*[172].

Ce chœur purifié sera naturellement convié à entonner le *Kirchenlied*. Par là même, il deviendra « chœur d'église », sa « destination la plus digne et la plus haute ». Son dynamisme, relatif à des « mots poétiques vigoureux », sera communicatif :

> Ainsi, à l'église, la VIGUEUR du chœur *[die Kraft des Chores]* doit se communiquer *[ergreifen]* à l'ensemble de l'assemblée *[die Gemeinde]* ; tout comme, déjà sur le plan individuel, chez une personne vraiment fervente, un cœur plein doit aller de pair avec une voix pleine[173].

L'original allemand est plus fort lorsque Nägeli emploie le verbe *ergreifen*, c'est-à-dire « émouvoir » ou « toucher ». Il nomme le responsable « régent de chœur » *(Chorregent)* ou encore « formateur artistique » *(Kunstbildner)*. Il doit, ce faisant, être un éducateur dont l'objectif suprême est de saisir l'« humanité de l'homme ».

> [Il est] un homme de métier, une figure qui s'impose par sa culture humaine, plein de science et de sagesse[174].

Nägeli considère que cette « formation artistique » doit être

> le summum de la formation humaine, car sans elle l'achèvement *[Vollendung]* de la formation n'est même pas concevable[175].

---

[172] *Ibid.*, p. 50.
[173] *Ibid.*, p. 53.
[174] *Ibid.*, p. 56.

121

Les hommes ainsi formés communiqueront entre eux par le chant essentiel. Et là, Nägeli* atteint à la métaphysique de la musique lorsqu'il affirme non sans idéaliser :

> Il faut que résonnent en accords, à l'instar des sons *[wie die Töne]*, les hommes par leurs psychismes *[in ihren Gemütern]* et que par cette production d'accords *[dieses Zusammenklingen]* ils élargissent en commun leur être spirituel *[geistiges Wesen]* aux dimensions de l'infini *[Unendliche]*[176].

Le 5 mai de la même année 1821, le comité central de Zofingue rédige une lettre fort instructive à la section de Lausanne :

> Nous ne voulons pas nous séparer du peuple. Notre joie serait d'entendre ces chants [helvétiques] qui nous émeuvent retentir dans toutes nos campagnes et exprimer en tout lieu les mêmes sentiments et la même union. Considérons-nous comme les représentants de la jeune helvétique et d'une nouvelle génération qui, étrangère aux vieilles inimitiés, veut et recherche ce qui est juste et utile à la Patrie[177].

Durant les années 1821 à 1825, à savoir les dernières que Pestalozzi passera à Yverdon, les difficultés iront grandissant, notamment en ce qui concerne les multiples départs de collaborateurs.

La Société suisse de Zofingue publie ses *Lieder für Schweizer Jünglinge* en 1822, tandis que l'Anglais Charles Mayo (1792-1846)* introduit la Méthode de Pestalozzi à Epsom, dans le Surrey. Pfeiffer* commence son enseignement des langues anciennes à l'École cantonale et la musique à l'École normale d'Aarau. Nägeli* poursuit sa vaste correspondance avec Schnyder von Wartensee*.

---

[175] *Ibid.*, p. 55.
[176] Cité par Ulrich ASPER (1994). *Hans Georg Nägeli : Réflexions sur le chœur populaire, l'éducation artistique et la musique d'église*, p. 56.
[177] Jacques BURDET (1946). *Les origines du chant choral dans le canton de Vaud*, p. 66.

Quant à la Société helvétique de musique, elle se produit à Soleure. L'*Allgemeines Gesellschaftsliederbuch* de Pfeiffer et Nägeli est édité en 1823. Le 24 décembre, le compositeur Philipp Christoph Kayser* s'éteint à Zurich. La onzième réunion de la Société helvétique de musique se tient à Lausanne avec la participation de cent dix chanteurs et de cent trente-neuf musiciens. Le concert principal est organisé dans la Cathédrale avec des œuvres de Haydn, du jeune Louis Niedermeyer (1802-1861), de Nyon, de Weber, du compositeur portugais João-Domingos Bontempo (1775-1842), de Rossini et Beethoven. Nägeli, souffrant, ne pourra finalement pas accepter l'invitation qui lui avait été faite de présider les débats. Il sera magistralement remplacé par le pasteur Daniel-Alexandre Chavannes (1765-1846)[178] dont les paroles du 5 août 1823, vibrantes, frapperont l'auditoire :

> Soyez donc les bienvenus parmi nous, chers et bons amis ! Vous êtes chez des frères qui se font gloire de vous appartenir et qui mettent toute leur ambition à se rendre dignes, par leur attachement et leur dévouement à la patrie commune, de la place qu'ils ont le bonheur d'occuper aujourd'hui dans la Confédération. [...]
>
> Partagés comme nous le sommes en vingt-deux États-Unis il est vrai par un lien commun, mais séparés par leurs lois, leurs usages, leurs mœurs, leur langage, nous avons besoin d'apprendre à nous connaître personnellement pour surmonter les préventions que ces différences pourraient alimenter. [...]
>
> Ne voyons-nous pas ici les deux extrémités de notre chère Suisse se réunir pour former avec ses parties intermédiaires une chaîne non interrompue d'instruments montés au diapason de la fraternité la plus douce, disons-le hautement : du patriotisme le plus pur ? [...]
>
> Nos conquêtes se bornent, il est vrai, à des jouissances fugitives, à des sons qui s'évanouissent sans laisser d'autres traces que celle des souvenirs. Mais cela même serait-il à dédaigner ?

---

[178] Auteur d'un rapport, en 1806, sur la pédagogie pratiquée à l'Institut de Pestalozzi à Yverdon.

et pourrait-on méconnaître les heureux effets de l'art auquel le génie de la poésie attribua jadis les prodiges d'un Amphion, d'un Orphée ? de l'art qu'on voit, d'un côté, adoucir les mœurs des peuplades les plus sauvages, de l'autre, doubler l'ardeur du guerrier volant à la défense de ses foyers ? de l'art qui rappelle se vivement au Suisse éloigné de sa patrie les lieux qui l'ont vu naître ?

Recevez donc ici l'hommage de notre vive gratitude, cantons de l'Helvétie qui avez conçu les premiers l'heureuse idée de faire de la patrie, non pas une arène ouverte à l'ambition, à l'envie, aux discordes politiques ou religieuses, mais un cirque paisible destiné à voir s'élever chaque année un temple à l'harmonie des sons qui conduit à celle des cœurs.

Il est vrai que ce temple n'a que quelques jours d'existence ; mais, tel que le phénix, chaque année, il renaît de ses cendres ; chaque année, il résonne de nouveau des accents de l'union et de la concorde ; chaque année, il voit accourir dans ses parvis de nombreux adeptes qui viennent ranimer le feu sacré ; chaque année, il reçoit de nouveaux disciples qui joignent leurs jeunes accords à ceux des anciens bardes, dont les rangs leur sont ouverts.

Il y a plus encore. La Société helvétique de musique a, par-dessus toutes les autres sociétés générales dont notre chère patrie éprouve les bienfaits, l'avantage de voir ses réunions embellies par la présence et le concours de ce sexe aimable qui fit dans tous les temps l'ornement des fêtes nationales les plus célèbres.

Heureux le peuple chez lequel de telles institutions peuvent prendre naissance ; heureux le peuple où la mère la plus vigilante peut, sans crainte, permettre à sa fille de prendre une part active à des jeux solennels qui portent, dans la première partie des exercices dont ils se composent, le caractère auguste de la religion, et qui n'offrent, dans le reste, que des récréations innocentes dont toute licence est bannie ![179]

C'est à cette occasion que l'organiste allemand de Morges, Andreas Spaeth (1792-1876)*, sera nommé membre honoraire de la Société.

Entre 1823 et 1825, l'Allemand Johann Daniel Elster (1796-1857)* de Thuringe, la patrie de Bach, est nommé

---

[179] Cité par Jacques BURDET (1971). *La musique dans le canton de Vaud au XIXe siècle*, pp. 23-24.

maître de musique à Lenzburg, en Argovie. Il sera un inlassable promoteur des chœurs d'hommes, des mélodies populaires, et l'auteur d'un recueil de chants destiné aux écoles argoviennes.

La tension s'accroît, à Yverdon, en 1824 avec l'expulsion de Joseph Schmid* du Canton de Vaud. Son autorisation de séjour lui sera retirée. De son côté, Nägeli* prononce dix importantes conférences *(Vorlesungen)* dans six villes allemandes sur les problèmes esthétiques en musique. Le 3 août, il adresse une lettre à Beethoven lequel lui répondra le 9 septembre en le qualifiant de « Mon très cher Ami ! » et en concluant :

> Je vous embrasse comme un disciple d'Apollon et suis de cœur votre BEETHOVEN[180].

Silcher* publie son second cahier de chorals à trois voix. Ferdinand Fürchtegott Huber (1791-1863)* rentre à St. Gall pour y exercer le métier de professeur de chant. Friedrich Theodor Fröhlich (1803-1836)* revient à Brugg et prend des leçons de composition auprès de Michael Traugott Pfeiffer*, à Aarau où le poète et compositeur Alois Franz Peter Glutz [von Blotzheim] (1789-1827)* s'établit. Johann Heinrich Tobler (1777-1838)* compte parmi les fondateurs de la Société des chanteurs appenzellois. Franz Josef Greith (1799-1869)* est nommé maître de chant à l'école cantonale d'Aarau après l'avoir été à Coire et à Münchenbuchsee.

Entre 1824 et 1825, Silcher* publie, à l'intention des élèves et des écoles, deux cahiers de chorals à trois voix pour deux sopranos (élèves) et basse (maître) sous l'intitulé *Melodien aus dem Würtembergischen Choralbuche, dreistimmig für Schulen, Kirchen und Familien.* Simultanément, il commence la publication de ses *Volkslieder.*

---

[180] Ludwig van BEETHOVEN (2010). *L'intégrale de la correspondance 1787-1827*, pp. 1264-1265.

Tragiquement, l'année 1825 marque la fin de l'action de Pestalozzi et son départ définitif d'Yverdon. Peu avant, il avait reçu la visite du géographe américain William Channing Woodbridge (1794-1845)* lequel rencontrera également Pfeiffer*, à Lenzburg, près de Zurich, ainsi que son collègue Nägeli à Zurich même. Pestalozzi rentre au *Neuhof* auprès de son petit-fils Gottlieb (1798-1863). Le fidèle James Pierrepont Greaves (1777-1842)* est nommé secrétaire de la London Infant School Society. Il ouvre une *nursery school* à Ham, dans le Surrey, tandis que Charles Mayo* fonde une école expérimentale non loin, à Epsom. Nägeli publie *Zeichen der Zeit im Gebiete der Musik* (« Témoignages du temps dans le domaine de la musique »), ses *Liederkränze* et séjourne à Danzig pour des conférences tandis que son adversaire intellectuel, le juriste et écrivain sur la musique, Anton Friedrich Justus Thibaut (1772-1840)* publie, à Heidelberg, son essai intitulé *Über Reinheit der Tonkunst* dans lequel il s'oppose au développement moderne du langage musical. Philipp Friedrich Silcher*, Konrad Kocher (1786-1872)* et Johann Georg Frech (1790-1864)*, quant à eux, font imprimer leur *Choralbuch*.

Le 21 mars 1825, Sir George Thomas Smart (1776-1867) dirige, à Londres, la première audition anglaise de la Neuvième Symphonie en *ré* mineur, opus 125 (1823/24), de Beethoven. Il s'agit véritablement d'un événement exceptionnel de l'histoire de la musique occidentale.

L'hymne vaudois se trouve pour la première fois dans le recueil de *Chansons patriotiques* édité par la section vaudoise de Zofingue mais malheureusement publié sans les mélodies. Trop souvent, ces dernières sont entièrement négligées alors que le texte est largement favorisé. Ceci constitue une grave erreur du point de vue de l'hymnologie scientifique[181]. Découragé, l'inspecteur forestier bernois Karl Albrecht Kasthofer (1777-1853) déplorait :

> Les chants rappelant l'histoire héroïque des Suisses ont cessé d'exister.

Il ajoutait :

> La seule des chansons suisses de Lavater qui tente de combler un tragique néant est celle de Guillaume Tell, que l'on entend parfois. Un certain nombre de chansons d'amour tyroliennes et beaucoup d'autres, modernes et de la même facture, ont accru le maigre répertoire des chants populaires ; quiconque achète chèrement avec de l'argent et du vin la joie et l'euphorie peut entendre à Unterseen et à Brienz, et non sans être agréablement surpris, de jolies filles qui pour la circonstance chanteront des airs de Hölty, de Schiller et de Körner. [...] Rares seront les chants historiques qui deviendront ici des mélodies populaires aussi longtemps que cette population n'aura pas appris à respecter l'histoire de ses aïeux dans ses moments les plus exaltants et les plus lourds de conséquences[182].

---

[181] L'hymnologie scientifique se doit d'être clairvoyante à l'endroit de la valeur et la signification d'une mélodie, de toute expression du langage musical, émanant de la psyché humaine, extraconsciente et consciente. L'analyse d'une mélodie ou d'une partition qui valorise autant l'objet que le sujet doit, en effet, tenir compte du fonctionnement du psychisme en tant qu'il peut être sensé ou insensé, sain ou malsain. La théorie de la musique, à l'instar des spéculations de la théologie et de la philosophie, n'aboutit qu'à des abstractions éloignées de la réalité intérieure telle que la psychologie la décrit essentiellement.

[182] Peter F. KOPP, Beat TRACHSLER, Niklaus FLÜELER (1983). *La Suisse aux Couleurs d'autrefois*, p. 71.

II.
Wilhelm Tell.

En 1826, profondément atteint, Pestalozzi se consacre à ses réflexions qu'il couche sur le papier dans d'admirables écrits tels que le *Schwanengesang* («Le Chant du Cygne»), *Meine Lebensschicksale* («Mes Destinées») et le *Langenthaler Rede* («Discours de Langenthal»). Nägeli* fonde le *Sängerverein der Stadt Zürich* à la place du *Singinstitut*. Ses stimulantes *Vorlesungen über Musik mit Berücksichtigung der Dilettanten* sont publiées, à Stuttgart, chez Cotta. Dans la neuvième conférence, à l'instar de Pestalozzi, Nägeli insiste sur le «caractère naturel» que devrait revêtir l'éducation musicale :

> L'enfant, donc, a besoin que, sous une forme ou une autre, on lui procure une animation musicale, qui, pour l'instant, se limite à éveiller et accorder son oreille *[zur Erfrischung und Stimmung des Ohres]*. Nul besoin pour cela que sa mère ou sa nourrice lui chante de temps en temps une petite berceuse *[ein Wiegendliedchen]* ni qu'on lui joue une petite danse : il n'est pas du tout nécessaire d'appeler l'art à la rescousse. Un son clair et pur suffit ! *[Nur reiner, klarer Ton !]* […] Or le verre émet l'un des sons les plus purs et les plus clairs qui soient, et c'est aussi une des matières les plus douces. On prendra donc tout simplement un verre à boire (il y en a dans la salle commune de toutes les maisons) et, avec une fourchette, on frappera dessus des rythmes simples. On amusera ainsi l'enfant plusieurs fois par jour pendant quelques minutes et imitera ainsi l'un après l'autre les différents rythmes usuels en poésie.

> Une telle façon de procéder est tout aussi conforme à la nature qu'à l'art, car, chez l'enfant, le sens du rythme s'éveille avant le sens de la mélodie *[der Sinn für Melodie]*, tout comme le sens mélodique s'éveille avant le sens harmonique, celui de la musique à plusieurs voix[183].

La dernière phrase mérite, sans conteste, discussion car nous y retrouvons, en quelque sorte, une faiblesse rationaliste propre à Nägeli. Psychologiquement, il n'est pas concevable de tracer un tel itinéraire intérieur visant à établir une sorte de pseudo-hiérarchie entre le rythme et la mélodie. Toutefois, dans ces mêmes conférences, Nägeli envisage sans le savoir conceptuellement le principe de l'*excitabilité* :

> [...] ainsi, toute la nature, visible et audible, se reflète doublement en nous grâce à notre double organe de l'œil et de l'oreille[184].

Mais, encore une fois, en quoi consiste donc ce principe fondamental ? En tant que phénomène de base, l'*excitabilité* caractérise la vie. Dès lors que la musique est considérée comme une production de la psyché humaine, elle est une expression fondée dans cette notion d'*excitabilité* déjà évoquée.

Plus précisément, la dualité complémentaire *excitabilité-réactivité* constitue les modalités psychiques dans lesquelles se bipolarise « l'animation » en soi inexplicable[185]. Bien évidemment, il n'était pas encore possible pour Nägeli de formuler les choses ainsi dans la mesure où il pensait le psychisme humain seulement comme *Gemüt*, mot de l'intériorité romantique par excellence. Ce substantif neutre – cité onze fois dans la Bible luthérienne –, est

---

[183] Cité par Ulrich ASPER (1994). *Hans Georg Nägeli : Réflexions sur le chœur populaire, l'éducation artistique et la musique d'église*, pp. 28-29.

[184] *Ibid.*, p. 30.

[185] Paul DIEL (1973). *La peur et l'angoisse*, p. 107.

difficile à comprendre en français. Il peut, le cas échéant, se traduire par « âme », « cœur », « humeur », « sentiment », « sensibilité », « tendresse ». Le professeur Georges Gusdorf (1912-2000) a précisé, à juste titre, qu'il peut aussi revêtir une signification négative. *Das Gemüt* et l'adjectif *gemütlich* évoquent, de la sorte, une sensibilité qui tend à la sensiblerie, un sentimentalisme opposé à l'exercice du jugement critique, démission de l'entendement devant le débordement de l'affectivité. La mystique est à l'origine de ce concept :

> La notion de *Gemüt* embrasse, dans la mystique allemande, l'ensemble du domaine intime de l'homme. Maître Eckhart et Jacob Boehme désignent par le terme *Gemüt* le principe commun des facultés spirituelles et affectives[186].

Toujours dans ses *Vorlesungen*, Nägeli reprend le concept essentiel de l'*Anschauung* déjà cité :

> *Anschauung*, dans la langue de l'art, désigne l'inclination de nos facultés sensibles pour recevoir leur objet ; ce terme englobe donc les phénomènes esthétiques d'ordre auditif *[Gehörerscheinungen]* tout autant que ceux dont l'objet est visuel[187].

Il est, toutefois, indispensable de discuter la position de Nägeli* – dans ses *Vorlesungen* –, en ce qui concerne la prétendue action de la musique sur les sentiments. Nous pouvons comprendre son insuffisance en la matière car depuis lors les recherches en psychologie ont sérieusement évolué. Le grand chef roumain Sergiu Celibidache (1912-1996) pensait, à juste titre, que la musique en soi *n'est rien* tant que notre psychisme ne se l'est pas approprié. Bien évidemment, c'est à partir de lui que nous saisissons la musique. Par conséquent, c'est nous, par nos valorisations

---

[186] Georges GUSDORF (1993). *Le romantisme*, tome II, p. 78.
[187] Cité par Ulrich ASPER (1994). *Hans Georg Nägeli : Réflexions sur le chœur populaire, l'éducation artistique et la musique d'église*, p. 33.

– justes et/ou fausses – qui lui attribuons telle ou telle qualité. C'est le monde intérieur qui saisit le monde extérieur. Or, la musique fait partie des deux mondes. Pour Nägeli, compositeur, chanteur, pédagogue, elle jaillit de sa psyché. Lorsqu'il édite la musique de Beethoven, par exemple, c'est sa façon de comprendre ce maître qui importe. Lorsqu'il juge, curieusement et négativement, la musique chorale de Bach, ce sont ses valorisations qui apparaissent et non point la musique du *Kantor* en soi. L'objet d'étude, à savoir la musique que nous recevons en tant qu'auditeurs, est immédiatement associé au sujet qu'il s'agit d'harmoniser pour une écoute pertinente. La formulation suivante de Nägeli est, de la sorte, psychologiquement insuffisante :

De façon prédominante, la musique *[die Tonkunst]*[188] agit et règne dans la région des sentiments *[Gefühle]*[189].

La musique, science des Muses, est un mythe sonore, une production de l'imagination transcendante. Elle exprime le jeu entre l'*excitabilité* et la *réactivité* qui est animé par l'élan de vivre ou le désir essentiel qui anime toute vie. Il est un travail évolutif. En réalité, c'est l'homme intérieur qui la valorise à partir de ses motifs et qui réagit *(réactivité)* en fonction de sa capacité à être libre, de ce qui le *meut*, donc l'*émeut* essentiellement. La musique juste est émotion. En tant qu'apparition, elle est une énergie dont la *cause première* est mystérieuse. Son langage, de nature symbolique, est d'une grande complexité. Il ne se réduit pas à l'accumulation extérieure de notes, de gammes et d'altérations que l'on compile à partir d'une théorie solfégique abstraite. Elle est l'expression d'une délibération intérieure et non d'une élaboration discursive. La musique est l'expression humaine, par

---

[188] L'art de maîtriser le « ton », autrement dit, l'émotion et la signification.

[189] *Ibid.*, p. 128.

excellence, conçue, en effet, à partir des expériences de la vie. Le psychologue français Maurice Pradines (1874-1958) a raison de dire qu'elle

> ne peut pas être simplement entendue ; elle doit être comprise, ce qui veut dire : *musicalement sentie*[190].

Pour le psychologue autrichien Paul Diel (1893-1972)*

> la musique et la peinture transposent sons et couleurs sur un plan d'irréalité supérieure où, purifiés de la perception utili- taire, ils deviennent aptes à évoquer toutes les nuances des sentiments humains et toute la beauté de la nature, inépuisable dans la mesure où la vision se libère de l'optique convention- nelle. Mais par une voie symbolique plus subtile encore, musique et peinture contiennent l'allusion à l'idéal de l'activité. L'une par la dissolution des dissonances, l'autre par les jeux de contraste coloré entre lumière et ombre, parviennent à figurer les conflits de l'âme et à apaiser l'étreinte et l'angoisse grâce à l'image d'une facilité qui se joue des diffi- cultés, qui transforme l'âpreté de la lutte en jeu réjouissant[191].

La musique ne saurait se satisfaire d'une explication mécaniste. Tout comme la poésie, elle témoigne de la force élémentaire qui inhère à l'intuition analogique. Comprendre la musique exige aussi de comprendre le fonctionnement de la psyché humaine. C'est un défi, une révolution copernicienne à accomplir car jusqu'à l'acquisition de ce savoir aucun théoricien de la musique n'a pu envisager la qualité inhérente au langage musical. L'essentiel lui a échappé sauf lorsque de grands esprits, intuitifs, ont abordé le sujet sans adopter une posture intel- lectuelle dogmatique autant que rétrécissante.

L'écrivain bernois Johann Rudolf Wyss (1782-1830)*, éditeur de chants populaires, avait bien compris toutes ces

---

[190] Maurice PRADINES (1946). *Traité de psychologie générale*, tome II, p. 227.
[191] Paul DIEL (1988). *Psychologie et Art*, p. 14.

données lorsque, par exemple, il écrivait en cette année 1826 :

> Le berger des Alpes, aussi libre que l'air qu'il respire, parcourt en un seul souffle tout l'espace de sa puissance vocale, contraignant, par la simple sonorité de sa voix, les rochers alentour à lui répondre. Sans se laisser brimer par les règles qu'il ne connaît d'ailleurs pas, et qui ne feraient qu'empêcher son âme de s'exprimer librement, il produit les sons et les tons que lui dicte son imagination, et que sa voix exprime[192].

Wyss formule poétiquement la vérité sur le langage musical, expression spontanée de la psyché et de toutes ses instances, par l'accord entre l'homme créateur et le monde dans lequel il produit ses sons et ses tons. L'auteur sait bien distinguer l'un et l'autre. L'*imagination*, au sens de William Blake (1757-1827), constitue le fondement de cette manifestation musicale.

Dans ses passionnantes *Vorlesungen* de 1826, Nägeli associe la musique à « l'idée de perfection » *(Die Idee der Vollkommenheit)*[193] qui réside dans le « Ciel » *(Himmel)*. Nourri par l'Écriture, il lui oppose celle d'imperfection *(Unvollkommenheit)* ou « l'Enfer » *(Hölle)*. Autrement dit, la musique, source de consolation, doit nous aider à trouver le « Paradis de la Perfection » *(blühendes Paradies)* :

> [Obéissant aux signes que la Bible nous adresse], nous tentons de construire un pont qui franchisse l'Enfer pour, à tout le moins, nous APPROCHER *[zu nähern]* du Ciel. Toutes les vraies œuvres d'art sont de telles tentatives[194].

En cela, il n'épousait guère les vues favorables à une musique instrumentale « pure » de Wilhelm Heinrich

---

[192] Margrit THÜLER (sous la dir. de) (1997). *Les Alpes en fête*, pp. 223-224.

[193] Hans Georg NÄGELI (1826). *Vorlesungen über Musik mit Berücksichtigung der Dilettanten*, p. 54.

[194] Cité par Ulrich ASPER (1994). *Hans Georg Nägeli : Réflexions sur le chœur populaire, l'éducation artistique et la musique d'église*, p. 54.

Wackenroder (1773-1798), Johann Ludwig Tieck (1773-1853) et Ernst Theodor Amadeus Hoffmann (1776-1822)[195].

Enfin, toujours pour ce qui concerne l'année 1826, il semble bien que l'héritage musical pestalozzien ne soit plus qu'un souvenir. Les préoccupations, en ce domaine, touchaient principalement la musique d'église comme l'atteste la présentation, à Aubonne, par le principal du Collège, Abram-Édouard-Jean-Pierre-Louis-Samuel Descombaz (1797-1869) d'une « collection de tableaux de musique formant une nouvelle méthode pour apprendre la musique sacrée [dans les écoles primaires][196]. »

De l'autre côté de l'Atlantique, Lowell Mason* inaugure la première *Sunday school* pour les enfants noirs en Amérique du Nord alors que le dévoué Charles Mayo* introduit la Méthode à Cheam, près de Londres.

Le 17 février 1827, Pestalozzi s'éteint à Brugg, en Argovie. Il sera inhumé à Birr. Le 26 mars, Beethoven, meurt à Vienne et le 12 août, William Blake disparaît à Londres. Trois grandes figures, libres, non-conformistes et géniales, disparaissent en l'espace de quelques mois de cette année 1827 au cours de laquelle Lowell Mason* s'installe à Boston. Il sera l'un des héritiers significatifs de Pestalozzi.

---

[195] James GARRATT (2010). *Music, Culture and Social Reform in the Age of Wagner*, p. 38.
[196] Cité par Jacques BURDET (1971). *La musique dans le canton de Vaud au XIXe siècle*, p. 414.

3.
L'héritage

Enseigner sans saisir dans toute son ampleur l'esprit que réclame l'éducation des hommes, et sans construire cet enseignement sur la totalité vivante des relations domestiques, cela ne conduit pas plus loin, à mes yeux, qu'à une méthode propre à ratatiner artificiellement notre espèce.

Johann Heinrich Pestalozzi – *Lettre de Stans* (1799)

La transmission d'une pensée et d'une incarnation pédagogiques telles que Pestalozzi les a vécues, parfois douloureusement, s'interrompra à la mort de ce dernier. Sur la réalité de cette morne situation, Jacques Burdet* précisait :

Il semble bien que les expériences faites dans l'institut d'Yverdon n'aient exercé aucune influence sur les écoles de notre canton [de Vaud]. Aucun pédagogue ne fit jamais la moindre allusion à la théorie pestalozzienne concernant l'éducation musicale. Alors qu'en 1810, Pfeiffer et Nägeli avaient associé le nom de Pestalozzi à leur ouvrage commun, aucun manuel vaudois ne se référa jamais à la doctrine dont Jullien nous a révélé l'essentiel. Comment est-ce possible ? Ou bien l'on n'en avait pas connaissance, ce qui paraît improbable puisqu'en 1806 le gouvernement vaudois avait fait dresser un rapport très complet sur l'institut et que, d'un autre côté, des hommes comme Louis Vulliemin avaient fait une partie de leurs études à Yverdon. Ou bien l'on considérait la pédagogie musicale appliquée par les disciples de Pestalozzi comme une pure utopie. Mais il se pourrait aussi qu'au moment où s'ouvrit l'École normale, soit huit ans après la chute de l'institut yverdonnois, le maître de chant de cet établissement ait tenu à concentrer ses efforts avant tout sur la musique chorale à quatre parties, mise en évidence par la Société vaudoise d'utilité publique et cultivée un peu partout par les sociétés de « chant national », et qu'ainsi, allant au plus pressé, il ne se soit jamais soucié des principes sur lesquels il aurait pu fonder son enseignement aux futurs instituteurs[197].

En revanche, le travail initié par Pestalozzi en matière de pédagogie de la musique trouvera un écho significatif dans le monde anglo-saxon. Sa conception s'incarnera plus spécialement dans la création de chœurs fondés sur l'idée de *charity*, de philanthropie, d'écoles où la musique tient une place essentielle aussi bien du point de vue de l'éducation *(die Erziehung – education)* que de celui de l'instruction *(der Unterricht – teaching)*. Sur le continent, de fidèles disciples poursuivront, sans se décourager, la réforme entreprise, ainsi Schnyder von Wartensee* et, bien évidemment, le fidèle et pugnace Nägeli*.

Dès 1827, James Pierrepont Greaves* publie, à Londres, les *Letters of Pestalozzi on the Education of Infancy* si précieuses pour notre connaissance du fond et non seulement de la forme éducative[198].

Un an plus tard, Nägeli créera le *Musikalischer Frauenverein* de Zurich tout en publiant son remarquable *Christliches Gesangbuch für öffentlichen Gottesdienst und häusliche Erbauung*. Ce *corpus*, en deux parties (1828/29), destiné au culte et à l'édification domestique, contient cent mélodies et mises en musique à quatre voix. Dans sa préface, l'auteur ne manque pas de souligner la valeur intrinsèque de sa démarche :

---

[197] Jacques BURDET (1971). *La musique dans le canton de Vaud au XIXᵉ siècle*, pp. 413-414.
[198] J. E. M. LATHAM (1999). *Search for a New Eden. James Pierrepont Greaves (1777-1842) : The Sacred Socialist and His Folowers*. Londres : Associated University Press.

Qu'il nous soit permis de nous glorifier et de nous réjouir d'avoir, nous, peuple suisse, battu à cet égard le peuple allemand d'une bonne longueur. Nous avons réussi à créer un chant du peuple qui est de qualité supérieure, un chant populaire à quatre voix[199].

Nägeli réforme ainsi le chant d'assemblée, alors assoupi, à partir des critères qui lui sont particulièrement chers. Il préconise une pédagogie de la mélodie fondée sur un rapport dialectique entre les notions de *Tonleben* et de *Kunsttonleben*. Ce lien correspond à la « vie des sons » qu'il situe en concurrence avec la « vie de la lumière ». Ce faisant, il reprend la conception luthérienne, citée plus haut, selon laquelle le « Royaume du Christ » était, d'abord, le « Royaume de l'ouïe »[200]. Le déséquilibre constaté par Nägeli le conduit à créer une forme d'art qui relie le simple inhérent au chant d'assemblée (*Tonleben*) populaire au complexe de l'œuvre d'art (*Kunsttonleben*). Sa démarche revêtait, de même, un caractère foncièrement moral par la valorisation de la sociabilité (*Geselligkeit*) et du patriotisme (*Vaterlandsliebe*). Selon lui, le chant choral est fonctionnel. Il appartient au peuple, car il s'incorpore dans chaque instant de la vie quotidienne.

Au début de 1828, une tentative d'introduire l'enseignement pestalozzien de la musique à Londres est envisagée. Il s'agit d'une série de conférences pédagogiques, touchant tous les domaines, prononcées par le Dr George Edward Biber (1801-1874)*, d'ailleurs plus proche de Niederer* que de Pestalozzi lui-même. Elles sont plus particulièrement destinées aux professeurs de la Harp Alley School, Farringdon Road. C'est alors que cet exilé allemand publie l'article *The Elements of Singing* dans *The*

---

[199] Cité par Ulrich ASPER (1994). *Hans Georg Nägeli : Réflexions sur le chœur populaire, l'éducation artistique et la musique d'église*, p. 54.
[200] *Und ist Christi Reich ein hör Reich, nicht ein sehe Reich* [WA 51,11,29 – Merseburg, 1545].

Christian Monitor and Family Friend,[201] compte-rendu d'une leçon de musique selon les principes du pédagogue d'Yverdon[202] :

> All technical terms ought to be avoided as much and as long as possible [...] The written signs, likewise, ought not to be placed before the child's view, until he be well acquainted with the sounds they denote [...] It is important, at first, that tone [pitch] and time should be kept distinct ; and as time is less difficult a subject than tone, the beginning ought to be made by it, in the following manner. You sing with the child, in a middling, which must not be varied, the length of a crotched,

♩

> You then call upon the child to repeat it, without our assistance, until the child has conceived the exact measure of time. You then call upon him to sing two notes in the same time, both of equal length –

♪ ♪

> For the sake of simplicity in demonstration, you may call the first a note, and the latter two half-notes. You then exercise the child, until you are satisfied that he distinguishes well between the length of both...[203]

Malheureusement, les efforts du Dr Biber ne seront pas encore récompensés en dépit du soutien du politicien et diplomate Sir Thomas Wyse (1791-1862). L'Angleterre n'était pas encore prête à assumer une réforme de l'éducation en profondeur. Charles Dickens (1812-1870) s'en souviendra cruellement dans son *Nicholas Nickleby* (1838/39).

---

[201] Part I, pp. 71-72.
[202] Bernarr RAINBOW (1967, 1991). *The Land without Music. Musical Education in England 1800-1860 & its Continental Antecedents*, pp. 83-84.
[203] Cité par Bernarr RAINBOW (1992, 2009). *Four Centuries of Music Teaching Manuals 1518-1932*, pp. 99-100.

La même année, le compositeur Franz Xaver Joseph Peter Schnyder von Wartensee, (1786-1868)* fonde le *Frankfurt Liederkranz* qui est pour lui un moyen de diffuser les idées de Nägeli sur le chant choral avec l'aide du compositeur et violoniste allemand Louis Spohr (1784-1859).

Du côté suisse, la Société vaudoise d'utilité publique jugera bon de nommer une commission qui, dans un rapport du 30 avril 1829, proposera de « travailler à l'amélioration du chant populaire »[204]. Par cette recommandation, la pratique musicale romande va changer de statut et connaîtra une sorte de révolution musicale copernicienne dans les années qui vont suivre jusqu'en 1834. Le concept du « chant national » primera désormais sur celui de « chant populaire » comme en témoigne le *Chant national suisse* du pestalozzien Jean-Bernard Kaupert (1786-1863)*.

En 1830, une seconde vague révolutionnaire éclate en Europe. Les réformes électorales vont favoriser les pouvoirs déclarés démocratiques. La Suisse a également vécu ces changements.

> Au « peuple » l'époque assigne la mission d'exprimer la volonté de la « nation », dont les cantons sont l'expression fragmentée puisque la nation suisse reste à construire[205].

C'est dans ce contexte fébrile que, le 12 juillet 1830, un comité de chant populaire se réunit à Morges sous la houlette du diligent président Kaupert. Ce dernier, après un patient travail de formation des régents pourra écrire le 12 mars 1831 :

> L'enseignement méthodique et uniforme d'un meilleur chant se trouve maintenant introduit dans dix-huit écoles de campagne,

---

[204] Jacques BURDET (1946). *Les origines du chant choral dans le canton de Vaud*, p. 85.
[205] François WALTER (2010). *Histoire de la Suisse. Le temps des révolutions (1750-1830)*, p. 141.

dans les diverses classes de notre Collège, et dans toutes les autres écoles publiques et privées de Morges [...] Une masse d'environ deux mille jeunes personnes du district de l'un et l'autre sexes reçoit actuellement des leçons de chant régulières et uniformes. Faute de place, nous allons transporter incessamment notre école de chant à l'église, que la Municipalité et le clergé de notre ville se sont empressés de mettre à notre disposition. Le zèle des instituteurs et des élèves est au-dessus de tout éloge[206].

Au mois de novembre suivant, Kaupert pourra même ajouter avec satisfaction :

Autant le chant des jeunes gens de Morges était auparavant dur et criard, autant il est actuellement doux et mélodieux[207].

Dans le même temps, à Vevey, la méthode[208] du Français Guillaume Louis Bocquillon Wilhem (1781-1842)* inspire l'enseignement du chant. Morges et Vevey vont rapidement devenir des concurrentes. À Lausanne, le jurisconsulte et historien Georges-Hyde de Seigneux (1764-1841) préside un comité de chant qui fait passer, le 11 juin 1830, une annonce dans la *Gazette de Lausanne* destinée à tous les chanteurs désireux de participer à la réforme du chant populaire. Le *Nouvelliste* publie ce texte fort révélateur de la situation :

On est souvent choqué de la grossièreté des chants qui accompagnent chez nous les fêtes même les plus innocentes [...] Le défaut presque complet du goût d'harmonie et le mauvais choix des paroles sont fréquents [...] Il faut apprendre à ces voix des refrains où la patrie ait une grande part ; où tous les nobles sentiments qui peuvent animer les citoyens d'une heureuse république soient manifestés tour à tour [...] C'est un spectacle digne d'intérêt que tous les enfants d'une heureuse patrie con-

---

[206] Cité par Jacques BURDET (1946). *Les origines du chant choral dans le canton de Vaud*, p. 88.

[207] Cité par Jacques BURDET (1946). *Les origines du chant choral dans le canton de Vaud*, p. 89.

[208] *Guide de la méthode élémentaire et analytique de musique et de chant* (Paris, 1821/24).

sacrent quelques instants de loisirs à une étude qui doit leur procurer de si pures jouissances. Un jour, nous les verrons sans doute se rassembler dans nos belles campagnes, attirer sur leurs pas une foule attentive, et faire entendre aux collines vaudoises des accents auxquels elles n'étaient point accoutumées. Nobles délassements de paisibles travaux ![209]

Ce texte, au demeurant fort instructif, fait entendre plusieurs intentions relatives et à une conception assez française de la citoyenneté et pour une approche morale qui pourrait, le cas échéant, se rapprocher de la conception anglo-saxonne. C'est pourtant cette dernière qui valorisera principalement et essentiellement la notion d'*ēthos*, si chère à l'intuitif et moral Pestalozzi. En revanche, les Lausannois d'alors sont restés sceptiques eu égard à une intention qui était probablement trop politique à leurs yeux. Toutefois, le premier maître de chant Jean-François-Louis-Samuel Corbaz (*ca* 1803-1843) donnera une belle impulsion dans l'esprit des Écoles de charité.

Entre-temps, en 1829, le *Kantor* allemand Philipp Friedrich Silcher* avait fondé, à Tübingen, son *Akademische Liedertafel* dans la forme d'un chœur d'hommes *(Männerchor)*.

En 1830, le *Reverend* américain William Channing Woodbridge (1794-1845)[210]*, impressionné par l'accomplissement musical qu'il a pu observer dans les écoles en Suisse et en Allemagne, entreprenait avec Elam Ives Jr. (1802-1864)* d'éduquer, dans l'esprit prôné par Nägeli*, un groupe d'enfants de Hartford, dans le Connecticut. L'expérience se révélera, toutefois, assez peu concluante vraisemblablement à cause du matérialisme ambiant. Ives publie son *American Psalmody* dans laquelle il présente sa première répartition nägelienne entre le

---

[209] Cité par Jacques BURDET (1946). *Les origines du chant choral dans le canton de Vaud*, p. 91.
[210] James A. KEENE (1987). *A History of Music Education in the United States*, pp. 89-90.

rythme, la mélodie et la dynamique. Woodbridge donne une conférence, au mois d'août de la même année, à l'*American Institute* sous l'intitulé *On Vocal Music as a Branch of Common Education* publiée dans les *American Annals of Education and Instruction*. Il témoigne des succès de la pédagogie de Ives. Woodbridge sera également soutenu par l'enthousiaste Lowell Mason (1792-1872)*[211] qui se trouve à la tête d'un chœur d'enfants. Ce dernier, cependant, n'est pas encore au courant des principes pestalozziens mais il les porte intuitivement en lui. Le propos de Woodbridge est bien accueilli. Stimulé, il décide de former Mason à la pédagogie des Suisses et de lui traduire, en anglais, leurs traités sur l'apprentissage de la musique. C'est ainsi que Mason sera bientôt désigné comme le *Father of Singing among the Children*. Éducateur particulièrement inspiré, personnalité particulièrement complexe, il ne se satisfera pas de suivre aveuglément les principes de Nägeli*. Il se fondera, de même, sur sa propre expérience tout en critiquant, à juste titre, la séparation artificielle entre rythme et mélodie préconisée par le musicien zurichois. C'est à partir de ces stimulantes valorisations que Mason publiera, en 1834, son premier traité, *The Manual of the Boston Academy of Music, for Instruction in the Elements of Vocal Music on the System of Pestalozzi*. Un extrait de son introduction mérite d'être cité :

> The system must be traced to Pestalozzi, a Swiss Gentleman of wealth and learning, who devoted his life and fortune to the improvement of the young [...] He obtained the services of Pfeiffer and Nägeli, who, under his patronage, drew up a very expensive work on elementary instruction in vocal music. Other works on the same general principles, were afterwards published by Kübler, another distinguished German teacher, in which must improvement was made on the original treatise of Pfeiffer and Nägeli. These German works have been intro-

---

[211] James A. KEENE (1987). *A History of Music Education in the United States*, pp. 102-126.

duced into this country by Wm. C. Woodbridge, the well known geographer and editor of the "Annals of Education" ; and these have been made the basis of the following work[212].

Trois ans plus tard, Mason se rendra en Europe, au cours de l'été, dans le Wurtemberg et dans le nord de la Suisse. Son séjour sera particulièrement fructueux. Le 10 novembre 1831, le Vaudois César Chavannes-Renz (1779-1839) fait part de son enthousiasme en ces termes :

> La question si souvent contestée de l'aptitude du peuple vaudois à la musique se trouve maintenant résolue. Nos enfants apprennent cet art facilement ; [...] à peine sur cent s'en trouve-t-il un ou deux qui ne puissent pas prendre le ton qu'on leur donne, et chanter juste. Il faut, il est vrai, se donner la peine de les instruire. Il faut surmonter, pour cette étude comme pour toute autre, les répugnances et les effets de la mauvaise volonté que quelques-uns font paraître ; mais en général, ils trouvent du plaisir à ces exercices et montrent de l'empressement à les fréquenter[213].

Hélas, cette envolée sera comme un feu de paille car la politique utilitariste reprendra ses droits, annihilant toute pédagogie humaniste de la musique.

À la même époque, Franz Xaver Joseph Peter Schnyder von Wartensee* met son château à la disposition du pédagogue Friedrich Wilhelm August Fröbel (1782-1852)* pour la fondation d'un Institut d'éducation.

Nägeli poursuit inlassablement sa tâche, en 1831, proposant un ambitieux projet de réforme pédagogique : *Pädagogische Memorial der Verfassungskommission des Cantons Zürichs* (« Mémorial pédagogique du Conseil constitutionnel du Canton de Zurich »). Il encourage les autorités par ces mots :

---

[212] *Ibid.*, p. 107.
[213] Cité par Jacques BURDET (1946). *Les origines du chant choral dans le canton de Vaud*, pp. 99-100.

> Puisse le nouvel État de Zurich mettre enfin à exécution le projet dédaigné par Zurich l'ancienne quand c'était l'un de ses concitoyens, le célèbre Pestalozzi, source de lumière en pédagogie pour le XIXe siècle, qui le lui présentait en vue de l'éducation et du bonheur du peuple ![214]

Cette prise de position politique lui vaudra d'être nommé, en 1832, Conseiller en éducation. Son influence sur les écoles primaires sera considérable. C'est alors qu'il publie encore deux travaux : *Umriß der Erziehungsaufgabe für das gesamte Volksschul –, Jndustrie-Schul – und Gymnasial-Wesen* (« Esquisse des missions de l'éducation dans les écoles primaires, les écoles industrielles et les lycées ») et *Praktische Gesangschule für weiblichen Chorgesang* (« École pratique du chant pour les chœurs féminins »). Dans ce dernier traité, Nägeli justifie son point de vue :

> Maintenant que le degré de civilisation s'est élevé, entraînant une plus grande largeur dans les relations au sein de la société et des vues plus libres sur ces rapports, la fondation de groupes féminins n'a plus rien d'insolite. Et si, effectivement, ces rapports de société entrent à présent dans nos mœurs, les associations féminines à buts artistiques sont sans doute celles qui méritent le plus qu'on les approuve, et parmi elles les associations de chant celles qu'il faut le plus recommander parce qu'elles sont plus que toutes autres faciles à mettre en œuvre[215].

Dès 1833, un intéressant processus se déclenchera en Angleterre avec la publication d'un premier ouvrage, remarquable[216], *Manual of Vocal Instruction*, relatif à l'éducation populaire de la musique. Le sous-titre, *Chiefly with a View to Psalmody*, est assez révélateur quant à l'influence de la psalmodie anglicane, si caractéristique.

---

[214] Cité par Ulrich ASPER (1994). *Hans Georg Nägeli : Réflexions sur le chœur populaire, l'éducation artistique et la musique d'église*, p. 13.

[215] *Ibid.*, p. 14.

[216] Bernarr RAINBOW (1989). *Music in Educational Thought and Practice*, p. 177.

Son auteur est l'organiste John Turner (actif entre 1833 et 1856)*, véritable pionnier de la *school music*. En cela, il était aidé par l'influente Society for Promoting Christian Knowledge (SPCK). Dans sa substantielle préface, Turner se réfère, notamment, à l'*Esprit de la méthode d'éducation de Pestalozzi suivie et pratiquée dans l'institut d'Yverdon, en Suisse* de Marc-Antoine Jullien (1775-1848)*. Simultanément, l'Américain Lowell Mason*, fort de sa volonté de réforme de la *church music*, fonde la Boston Academy of Music qui devient le centre de toutes ses activités[217].

Un manuscrit inédit de Nägeli*, *Die Individual-Bildung*, daté en 1834, livre l'intéressante réflexion psychologique suivante :

> Dans le domaine de l'art vocal, le chant choral cultive en l'être humain l'être social, le chant soliste l'être individuel. Sous ce rapport comme sous tout autre concourant à former l'humain en lui, seul est à un haut degré humain celui dont la culture revêt l'un et l'autre de ces aspects.

Mason publie, en la même année 1834, à Boston, son *Manual of the Boston Academy of Music, for Instruction in Vocal Music, on the System of Pestalozzi* [218] dans lequel il définit sa pédagogie ce, grâce aux précieux conseils du *Reverend* Woodbridge*. Il ne cessera, sa vie durant, de se référer à la pensée musicale de Pestalozzi peut-être plus, d'ailleurs, qu'à la méthode de Nägeli*, *stricto sensu*. De son côté, ce dernier livre ses dernières recommandations, en 1835, dans *Anleitung zum Gebrauch des Schulliederbuches* (« Conseils pour l'utilisation du livre de chants à l'école ») :

> Le professeur d'activités artistiques est, plus hautement encore, un enseignant : il travaille à la formation supérieure du peuple,

---

[217] Bernarr RAINBOW (1992, 2009). *Four Centuries of Music Teaching Manuals 1518-1932*, p. 99.
[218] Howard ELLIS (1955). « Lowell Mason and the 'Manual of the Boston Academy of Music'», pp. 3-10.

car toute formation artistique est, simplement en tant que telle, formation supérieure[219].

La même année, Nägeli, assez curieusement, s'opposera non sans véhémence à la nomination du théologien allemand David Friedrich Strauß (1808-1874)* à l'université de Zurich. Il faisait preuve, ce faisant, d'un manque de clairvoyance évident face à un penseur d'une exceptionnelle densité.

En 1835, Sarah Anna Glover (1786-1867)* trouvait enfin un éditeur, Jarrold & Sons de Norwich, prêt à publier son œuvre pédagogique. Il s'agit du fameux *Scheme to Render Psalmody Congregational*, fruit d'une remarquable expérience chorale. Il faudra cependant attendre 1841 pour que sa diffusion s'épanouisse véritablement avec la contribution, parfois contestée, de John Curwen (1816-1880)*.

L'année suivante, William Edward Hickson (1803-1870)*, remarquable écrivain en pédagogie, riche radical philanthrope, publie, à Londres, son fort intéressant *The Singing Master* dans lequel il ne prône pas seulement l'amélioration du chant des hymnes mais aussi, et surtout, met en valeur une belle collection de *songs* séculiers à dimension morale adaptés aux besoins des enfants. Son objectif était de soulager et diversifier la vie monotone de ceux dont le labeur était particulièrement fastidieux. Il proposait, de la sorte, un enseignement de la musique dès l'enfance afin d'offrir une alternative aux « occupations vicieuses et avilissantes ». Son ouvrage peut, à juste titre, être considéré comme le troisième et dernier de cette stimulante trinité éditoriale consacrée à la pédagogie de la musique dans un pays qui, peu à peu, la découvrait en la pratiquant avec cœur. La substantielle préface est, à ce titre, fort riche d'enseignements que Pestalozzi n'aurait

---

[219] Cité par Ulrich ASPER (1994). *Hans Georg Nägeli : Réflexions sur le chœur populaire, l'éducation artistique et la musique d'église*, p. 18.

certes pas reniés. Dans la partie intitulée *First Lessons in Singing*, Hickson précise :

> The town boys soon learn [to sing], because their ears have been tutored by listening to airs performed by street musicians ; but the boys of the village – those at least who spend their days tending sheep, or frightening away birds, and do not even live within the sound of a peal of bells – are seldom found to have the slightest notion of music, and can only be taught, with extreme difficulty, when upwards of twelve years of age. In all such cases, it is unwise to begin with the gamut, for the Diatonic scale being an unaccented melody, is often found by a beginner a very troublesome air. The better plan is to choose, for the first lesson, some simple and striking air, calculated to fascinate the ear, and dwell upon the memory. [...] The first step in musical education is to teach a child to distinguish, by the ear, one note from another. The second is to express the same sound correctly with the voice, and to sing perfectly in time. If this can be accomplished in childhood (audit can easily be done), the progress made, although it may appear insignificant, is not to be despised, for it is much greater than would be made by many adults within a similar period of time, if music had been entirely neglected by them in their youth. Although there are many persons who do not begin to learn to sing till they are past the age of twenty-one, and succeed, there may almost invariably be discovered a flatness in some of their notes, which proves that the ear has not acquired that extreme sensitiveness to nice gradations of sound, which is only the result of an early cultivation. To effect the object, lively melodies in which the accents are strongly marked, are better than any other, because the knowledge of the tune, which the ear speedily acquires, enables children to discover more readily, than they would do in any other case, when they are singing the wrong note ; and the sounds which the ear can the most easily retain, the voice will the most readily learn to express[220].

Par sa grande énergie, ses efforts inlassables, Hickson a justement été surnommé le *Father of School Music in England*.

---

[220] William Edward HICKSON, (1840). *The Singing Master*, pp. 1-2.

Le fidèle James Pierrepont Greaves (1777-1842)* fonde, en 1836, à Londres, A philosophical Society, connue comme Aesthetic Society.

Le 26 décembre de la même année, Hans Georg Nägeli* s'éteint paisiblement à Zurich. Sa personnalité contrastée marquera profondément et durablement la vie musicale dans le monde germanique. Nous retiendrons encore ses quelques considérations issues d'un autre manuscrit inédit, *Volksbildung*, partie théorique de l'« École du chant soliste » :

> [...] je ne pouvais qu'attacher autant d'importance à la formation individuelle qu'à la formation collective, et par conséquent autant d'importance aux différents stade-préparation, apprentissage et perfectionnement – de la formation des chanteurs solistes qu'à la formation chorale. [...] C'est par l'école que la jeunesse de notre époque accomplit le parcours qui la mène à la musique. Seule une petite partie des enfants des villes reçoit dès le début un enseignement musical sous forme de leçons particulières ; en général, les enfants pratiquent au contraire le chant choral bien avant de commencer à chanter en solistes. Il s'ensuit que, chronologiquement, la formation collective précède la formation individuelle. La première est la formation générale, l'autre la formation particulière. Et c'est dans le particulier que peut s'opérer le véritable complément de formation qui parfait l'individu[221].

En 1837, l'ami de Charles Dickens (1812-1870), le musicien John Pyke Hullah (1812-1884) s'intéresse au succès remporté, à Paris, par les classes de chant du Dr Joseph Mainzer (1801-1851)*. Il décide d'entreprendre, deux ans plus tard, le voyage en France afin d'y observer les résultats obtenus par ce type de pédagogie. Ces classes étant désormais fermées, il se rendra chez le concurrent de Mainzer, Guillaume Louis Bocquillon Wilhem (1781-1842)*. À son retour, époque d'une extraordinaire et cru-

---

[221] Cité par Ulrich ASPER (1994). *Hans Georg Nägeli : Réflexions sur le chœur populaire, l'éducation artistique et la musique d'église*, pp. 25-26.

ciale période de mutation en matière d'éducation musicale, il fait la connaissance de Sir James Kay-Shuttleworth (1804-1877)*, l'énergique secrétaire du Committee of Council on Education, qui l'influencera considérablement et l'aidera à ouvrir, le 18 février 1840, une classe à la *Normal School for Schoolmasters* de Battersea, basée sur le modèle préconisé par Wilhem. Kay avait été particulièrement impressionné par le voyage qu'il avait effectué sur le continent. Les institutions suisses de Philipp Emanuel von Fellenberg*, Johann Jakob Wehrli (1790-1855)* et Pestalozzi l'ont profondément convaincu de la nécessité d'importer de tels modèles dans son propre pays. Le 4 février de l'année suivante, Hullah fondera, avec l'appui gouvernemental, sa Singing School *for school masters and school mistresses* à Exeter Hall, haut lieu de l'*evangelism* londonien. Les mystères de la notation musicale et les éléments de l'habileté vocale seront enfin dévoilés aux enfants dans leurs écoles. D'ici la fin de 1841, pas moins de cinquante mille d'entre eux, issu des classes laborieuses de Londres, commenceront à recevoir une réelle instruction dans le domaine du chant, à partir des notes. La période 1841/43 sera particulièrement enthousiaste notamment pour ce qui concernera la *London populace*[222]. Il est certain que, contrairement à ce qui est généralement répandu, l'époque victorienne a été d'une richesse extraordinaire dans tous les domaines et plus spécialement celui de la musique[223].

Entre-temps, en 1838, James Pierrepont Greaves* créait Alcott House à Ham County, Surrey, avec la collaboration de William Oldham (1790-1856), Henry Gardiner Wright (1814-1846), et Charles Lane (1800-1870).

---

[222] Bernarr RAINBOW (1970). *The Choral Revival in the Anglican Church 1839-1872*, p. 47.
[223] Dave RUSSELL (1997). *Popular Music in England, 1840-1914. A social history*, p. 1.

Prodiguant inlassablement ses efforts, Kay écrit, en 1840, dans son *Report on the Training Institution at Battersea* :

> The method of Wilhem is simply an application of the Pestalozzian method of ascending from the simple to the general through a clearly analyzed series, in which every step of the progress is distinctly marked, and enables the pupil, without straining his faculties, to arrive at results which might otherwise have been difficult of attainment[224].

La même année, le travail de Silcher*, soutenu par ses collègues Frech* et Kocher*, est âprement contesté par le théologien et pédagogue Christian David Friedrich Palmer (1811-1875) qui rejette entièrement leur réforme pour la musique d'Église. Il la considère comme trop simpliste sur le plan harmonique et incompatible avec le style de l'époque prôné par Joseph Haydn (1732-1809), Wolfgang Amadeus Mozart (1756-1791) et Ludwig van Beethoven (1770-1827). Silcher lui réplique que le jeu dialectique entre la consonance et la dissonance doit être plus équilibré dans le chant d'assemblée que dans une musique savante, par définition plus élaborée sur le plan artistique. Il précise que les consonances apportent de la joie à l'âme alors que les dissonances excitent le psychisme, ajoutant que les premières engendrent l'amour et les secondes la haine.

L'une des figures les plus emblématiques et industrieuses de l'Angleterre victorienne a été John Curwen (1816-1880)*, d'obédience congrégationaliste, autrement dit, non-conformiste. Il était également l'adaptateur de sa compatriote Sarah Ann Glover (1786-1867)* dont il a, malgré tout, modifié certains aspects de sa méthode non sans s'attirer des critiques. Au printemps de 1841, à l'occasion d'un colloque de maîtres de *Sunday-schools* à

---

[224] Cité par Bernarr RAINBOW (1989). *Music in Educational Thought and Practice*, p. 191.

150

Hull, il préconise le meilleur et le plus simple enseignement de la musique : *to sing with ease and propriety*. De la sorte, il initiera et se fera l'avocat du *Tonic Sol-fa system*. Tout comme Pestalozzi, il n'était pas musicien mais se révélait être un fin pédagogue. À cette époque, l'oratorio, associé au concept de *charity* (ἀγάπη), était considéré en Angleterre comme la plus essentielle de toutes les formes musicales. Curwen se situait incontestablement dans cette démarche.

Toujours en 1841, le musicologue belge François-Joseph Fétis (1784-1871) rédige une intéressante entrée consacrée à Pestalozzi dans le septième volume de sa *Biographie Universelle des Musiciens*[225]. Il le qualifie de philanthrope avant de préciser :

> Je ne le mentionne que parce qu'il est souvent cité comme l'auteur d'un système d'enseignement de la musique applicable aux écoles primaires ; or, s'il est incontestable qu'à la tête des hommes qui se sont proposé de donner à l'enseignement de la musique un caractère d'universalité il faut placer Pestalozzi, on ne peut le considérer comme ayant inventé un système spécial pour cet objet, s'étant contenté d'indiquer quelques vues générales dans son célèbre roman populaire intitulé *Léonard et Gertrude*, et surtout dans ses *Directions adressées aux mères sur la manière d'instruire elles-mêmes leurs enfants*. Pour l'application de ses principes, il dut avoir recours à des musiciens de profession, et ce furent Traugott Pfeiffer et Nægeli qui se chargèrent de la réalisation de ses aperçus.

De son côté, William Edward Hickson* esquissait, pour la *Westminster Review*, une critique des inconvénients de la méthode Hullah-Wilhem considérée comme non pestalozzienne. Une dispute va donc opposer la pédagogie de ces derniers à celle de Curwen ce qui ne l'empêchera pas de publier, en juin 1843, la *Singing for Schools and Congregations*[226]. Pourtant, sur le fond, les deux hommes

---

[225] Page 7.

[226] Bernarr RAINBOW (1992, 2009). *Four Centuries of Music Teaching Manuals 1518-1932*, pp. 212-216.

comprenaient essentiellement la musique en tant qu'*ēthos*. En réalité, l'objectif partagé était plus religieux et social que purement musical.

Entre-temps, le 11 mars 1842, James Pierrepont Greaves* s'éteint à Alcott House, à Ham County, Surrey.

Friedrich Wilhelm August Fröbel (1782-1852) publiera ses *Mutter-und Koselieder* (« Chansons pour les mères qui câlinent leurs enfants »), en 1844, en utilisant la notation chiffrée permettant, de la sorte, aux enfants d'associer leurs doigts avec les cinq premières notes de l'échelle d'un chant, ce qui donnait :

1	3	5	4	3	4	2
Fröh-	lich	spielt	mein	Kind	Al-	lein
5	3	4	3	3	2	5
Singst	ihm	toch	ein	Lieb-	chen	sein

En février 1844, John Pyke Hullah* est élu à la chaire de musique à King's College. Il y professera la musique vocale jusqu'en 1874 avant que de collaborer au Christian socialist movement, ce qui atteste de sa philosophie de l'éducation et témoigne de sa capacité de pédagogue à la compassion et non seulement à une technique d'apprentissage extérieur.

La même année, riche de son expérience européenne auprès de Schnyder von Wartensee (1786-1868)*, le néanmoins contesté Artemas Nixon Johnson (1817-1892)* – élève de Lowell Mason* et de George James Webb (1803-1887)* –, publie ses *Instructions in Thorough Base*.

Philipp Friedrich Silcher* fait paraître, en 1845, sa *Kurzgefaßte Gesanglehre für Volksschulen und Singchöre* où il attaque avec rigueur la verbosité des anciens manuels de chant.

L'année suivante, James Turle (1802-1882)* et le Dr Edward Taylor (1784-1863)* publient leur *Singing Book : the Art of Singing at Sight* (1846) dans lequel ils ne se réfèrent pas et délibérément au *Tonic Sol-fa system* en raison de ses multiples et différentes versions[227].

En 1848, John Curwen* aurait entendu parler des travaux de Nägeli* « through Mr Graham of Edinburgh[228] ». Candidat malheureux à la chaire de musique de l'université de sa ville, George Farquhar Graham (1789-1867) était un musicien amateur cultivé. Il avait rédigé le premier article consacré à la musique pour l'*Encyclopaedia Britannica*. Quoi qu'il en soit, ce furent les discussions entre Curwen et Mason* qui ont orienté le premier vers les ouvrages de Nägeli. L'enseignement de John Curwen se fondait sur l'attraction des notes vers la tonique, elle-même mobile et considérée, avant l'heure, comme un « son central »[229].

En 1852, Lowell Mason se trouve à Londres afin d'y diffuser la pensée musicale pestalozzienne, entièrement nouvelle pour l'auditoire bien que certains pionniers, comme Charles Mayo*, avaient déjà contribué à la faire connaître là même où le pédagogue américain s'exprimait, à savoir la Normal School.

L'année suivante, Curwen créera la Tonic Sol-fa Association qui diffusera largement cette pédagogie renouvelée dans les écoles et les sociétés chorales. En avril 1856, il sera contraint d'interrompre ses activités pour des raisons de santé. C'est alors qu'il décide de quitter l'Angleterre et passera sept mois en Allemagne et en Suisse. Il prendra ainsi directement connaissance de *Die Pestalozzische Gesangbildungslehre* ainsi que des ouvrages des frères Joseph* (1787-1830) et Anton (1803-1848) Gersbach.

---

[227] Bernarr RAINBOW (1989). *Music in Educational Thought and Practice*, p. 211.

[228] Bernarr RAINBOW (1992, 2009). *Four Centuries of Music Teaching Manuals 1518-1932*, p. 101.

[229] Selon concept, déjà évoqué, forgé par Walter Wiora (1906-1997).

À son retour en Amérique, Mason écrira en 1853 dans ses *Musical Letters from Abroad*, éditées à Boston, se référant encore à la *Gesangbildungslehre* :

> The work of Nägeli and Pfeiffer was excellent, and its influence has been felt far and wide. Other manuals, based on this, have been since published, better adapted, perhaps, to the common purposes of teaching ; but the work of Nägeli and Pfeiffer is a text book which every teacher should study until he makes the principle his own. "The Boston Academy's Manual of Instruction in Vocal Music," is the only work of the kind in English, so far as we know, in which these principles are carried out.

Il serait imprudent, toutefois, de se fier entièrement à ce bel acte de foi car Mason se distinguera de ses deux éminents précurseurs lorsqu'il incorporera des exercices d'une tout autre qualité musicale, c'est-à-dire moins abstraits, davantage ancrés dans l'émotivité. Par ailleurs, il se démarquera de Nägeli* et de Pfeiffer* en introduisant un texte sacré[230]. En voici un exemple concret et fort révélateur, entièrement fondé sur les degrés trinitaires :

O praise ye the Lord and mag-ni - fy His name

En l'occurrence, ce motif mélodique marqué par le degré-élan – désigné comme le « Verbe » au sens de *logos* (λόγος) –, porte excellemment ce texte de louange dans la tonalité jupitérienne d'*Ut* Majeur que Mozart et Beethoven ont valorisé de la sorte.

Jusqu'à nos jours, en cette aube du XXIe siècle, la liste serait encore fort longue à décliner ce qui, finalement, pourrait s'avérer fastidieux. Force est d'admettre qu'une

---

[230] Arthur EFLAND (1983). « Art and Music in the Pestalozzian Tradition », p. 175.

belle prise de conscience s'est manifestée depuis lors dans le monde occidental à ce sujet.

Je réserve mes dernières réflexions à la conclusion qui suit.

Conclusion

En tant qu'œuvre de la nature, je prétends à la liberté animale. En tant qu'œuvre de mon espèce, à la liberté civile. En tant qu'œuvre de moi-même, à la liberté morale.

Johann Heinrich Pestalozzi – *Mes recherches sur la marche de la nature dans l'évolution du genre humain* (1797)

L'histoire de la pédagogie musicale est aussi longue que complexe. Elle suppose naturellement une implication humaine à partir de laquelle de nombreux conflits de pensées et de caractères n'ont épargné pratiquement aucune des grandes figures concernées. À l'aube du XXIe siècle, force est d'admettre que la question est loin d'être résolue malgré les avancées considérables inhérentes à de fort valables expériences. Tant que la sphère des valeurs et une théorie consciente de la connaissance ne constitueront pas les critères indéfectibles propres à un véritable épanouissement, le risque de tourner en rond perdurera. En ce sens, l'exemple de Pestalozzi reste unique dans la mesure où sa personnalité était mue par une grande sincérité. Pour cela, il était difficile sinon impossible de le suivre autrement que par une application intellectuelle de son enseignement. Les efforts de Nägeli* sont parfaitement louables. Toutefois, ils posent le problème de manière plus complexe du fait de son adhésion post-kantienne à la prééminence de la forme sur le fond pour ce qui concerne le langage musical. Pour cette raison, a-t-il souvent été présenté comme un précurseur de Eduard Hanslick (1825-1904)*. Ses relations tendues avec Beethoven témoignent peut-être d'une certaine difficulté à partager un fond commun. Le compositeur viennois était finalement plus proche d'un Schelling que d'un Kant. La mauvaise communication entre Carl Maria von Weber et Nägeli provient aussi, en partie, de ce constat. L'auteur du *Freischütz* était précisément un adepte de Schelling et de sa *Naturphilosophie*. Au-delà des idées et des concepts, il serait imprudent d'oublier, voire d'occulter l'affectivité qui a animé ces hommes d'élan mais aussi de vanité. L'héritage se doit, en quelque sorte, d'être transcendé.

Chez Nägeli, la forme semble effectivement prévaloir sur le fond et le contenu. Le grand pédagogue anglais Richard Mulcaster (*ca* 1531-1611) pensait, au contraire, que la forme ne doit pas cacher le fond :

> La musique ne te fera pas de mal, si ta conduite est bonne, si ta pensée est honnête ; elle ne t'égarera pas si tes oreilles sont capables de discernement comme elles le devraient[231].

La forme ne vaut effectivement qu'en tant qu'expression du fond et du contenu, comme étant leur incarnation, leur extériorisation différenciée en résonance à l'intégration ou unité. Ce dernier principe que Rousseau* avait pressenti.

> Le rapport entre le fond et le contenu formé décide de l'existence et de l'épanouissement de la culture et de son art. Par contre, le rapport entre contenu et forme, la formulation du contenu, décide du style qui différencie non seulement les cultures, mais – dans le cadre de chaque culture – les époques d'ascension vers la maturité et les époques de déclin conduisant vers la décomposition. [...] Seul le fond est commun à toutes les cultures. Chaque culture, dès son origine, exprime symboliquement le fond par un autre contenu mythique, qui décide à son tour de la diversification des formes expressives.

---

[231] Cité par Jacqueline COUSIN-DESJOBERT, (2003). *La théorie et la pratique d'un éducateur élisabéthain Richard Mulcaster c. 1531-1611*, p. 206.

> Le rapport entre le fond et le contenu formé décide de l'existence et de l'épanouissement de la culture et de son art[232].

Le musicologue suisse, spécialiste de la pédagogie musicale, Antoine-Élisée Cherbuliez (1888-1964)* a établi une surprenante filiation *Kant-Nägeli-Herbart-Hanslick-Marx*[233] montrant par là un intérêt commun pour les jeux de la forme. C'est peut-être aller un peu vite en besogne surtout pour ce qui concerne Friedrich Heinrich Adolf Bernhard Marx (1795-1866)*. Fort de certaines contradictions, Nägeli a bel et bien valorisé la forme mais sans pour autant entrer dans un positivisme strict et aliénant aux dépens du fond éthique. Quoi qu'il en soit, de nombreuses différences se présentent lorsque l'on étudie plus attentivement les pensées et les théories de ces cinq personnalités. De prime abord, je situe Hanslick* à part dans la mesure où il refuse l'idée même d'*expression (der Ausdruck)*, donc de signification. Le présupposé selon lequel la musique est une production de la psyché serait certainement inacceptable pour lui. Un autre auteur, le Britannique James Garratt, voit Nägeli comme « le chaînon manquant entre la beauté libre de Kant et le formalisme de Hanslick »[234]. Pourquoi pas, en définitive ?

Il me semble que, dans ce contexte, il eût mieux valu introduire l'historien, écrivain sur la musique, psychologue, sociologue et philosophe allemand Wilhelm Christian Ludwig Dilthey (1833-1911)* et son remarquable concept de *Bedeutung*. Du fait de cette carence, c'est l'abstraction qui, hélas, l'a emporté.

Pourtant, sur le systématisme de la méthode de Nägeli, Edwin Villiger a écrit :

---

[232] Paul DIEL (1988). « Psychologie et Art », p. 21.

[233] Antoine-Élisée CHERBULIEZ (1944). *Geschichte der Musikpädagogik in der Schweiz*, p. 358.

[234] James GARRATT (2010). *Music, Culture and Social Reform in the Age of Wagner*, p. 38.

Son cours introduisait d'abord les éléments rythmiques, puis mélodiques, pour finalement interpréter la chanson. Cette méthode ne pouvait donner de bons résultats dans la pratique ; les enfants perdaient tout plaisir à la musique pendant qu'ils se soumettaient à cette première phase si pauvre en musique ![235]

En ce sens, l'oralité a été négligée en tant qu'expression spontanée et particulièrement fondée sur l'intuition *(Anschauung)*. Trop d'intellect conduit à ce que Nicolas Berdiaeff appelle l'objectivation :

> On peut comprendre l'objectivation de l'esprit dans le monde de l'histoire et de la civilisation comme une aliénation de la nature spirituelle de l'homme[236].

Les notions de *Verstand*[237] et de *Vernunft*, singulièrement éclaircies par Jacob Böhme (1575-1624)*, ont été comprises par Pestalozzi qui a précisément situé l'enseignement de la musique au cœur de l'Esprit, symbole du *Verstand*. En d'autres termes, la « pénétration de l'esprit dans l'objet connu ». Ainsi, la *Vernunft* devient-elle « une faculté inférieure »[238]. Kant dira autrement, mais cela ne fait rien car, psychologiquement, c'est Boehme qui a raison, anticipant en cela Pestalozzi peut-être d'ailleurs davantage que Nägeli. Pourtant, ce dernier avait cité le mystique silésien dans ses *Vorlesungen* (1826) évoquant son *himmlische Freudenreich*[239] qu'il associe, par ailleurs, aux musiques instrumentales de Haydn, Mozart et Beethoven.

---

[235] Edwin VILLIGER (1992). « L'enseignement de la musique dans les écoles », p. 1392.

[236] Nicolas BERDIAEFF (1943). *Esprit et Réalité*, p. 64.

[237] Johannes BLOCK (2002). *Verstehen durch Musik : Das gesungene Wort in der Theologie.* Tübingen und Basel : francke verlag.

[238] Alexandre KOYRÉ (1979). *La philosophie de Jacob Boehme*, p. 42.

[239] Hans Georg NÄGELI (1826). *Vorlesungen über Musik mit Berücksichtigung der Dilettanten*, p. 48.

C'est précisément à cause de cela qu'il convient de s'interroger sur les motifs de ce dernier. Édouard Garo a raison lorsqu'il écrit que

> Au fond Nägeli est partagé entre son ambition de former des artistes, des chanteurs professionnels, et les idées plus généreuses de Pestalozzi qui conçoit moins d'éduquer à la musique que par la musique[240].

Pestalozzi et Nägeli avaient foi en la potentialité de chaque enfant, voire de l'oreille intérieure de chaque être humain. Mais certainement plus le premier que le second. Pourtant, est-ce que cette idéalisation par trop optimiste n'aurait pas occulté le danger de la vanité, déformation principielle de l'esprit humain ? Mais il est vrai qu'en encourageant et en développant la qualité de l'oreille émotive, qu'il s'agit de ne pas confondre avec l'oreille mécanique et industrielle, ils ont participé à une magistrale contrevalorisation, tout à fait admirable. Ajoutons, cependant, que le concept de *Kunstanschauung*, quelque peu ambigu en l'occurrence, était saisi différemment par les deux hommes. Nägeli, tenté par un rationalisme tempéré, était un musicien professionnel alors que le génie Pestalozzi ne se souciait pas de l'être.

Force est d'admettre que la révolution pédagogique copernicienne n'a pas encore eu lieu, plus spécialement pour ce qui concerne l'éducation musicale fondée sur le « sens moral », autrement dit l'éthique dans sa dimension la plus psychologique. Les chœurs des cathédrales anglaises s'approchent singulièrement de cela en valorisant et l'expérience individuelle placée au sein de la communauté et le jugement individuel à travers lequel l'esprit et l'intellect ne sont pas en perpétuel conflit. C'était précisément la pensée d'un Comenius* et d'un Pestalozzi.

---

[240] Édouard GARO (1985). *L'enseignement et la musique à l'école selon Pestalozzi*, p. 36.

Le Professeur Jean Houssaye a fort bien défini la nécessité urgente d'une

> pédagogie qui se fonde sur l'importance de l'initiative personnelle de l'élève dans ses apprentissages contre l'ordre méthodique et la forme rigoureusement logique, abstraite et déductive des méthodes anciennes. D'une pédagogie qui récuse les apprentissages mécaniques et routiniers trop liés à la mémoire[241], les exercices systématiques où la logique se réduit à l'application d'une méthode, la passivité de l'élève et le verbalisme méthodiquement ennuyeux. D'une pédagogie qui privilégie le concret, le recours à la vie courante, l'observation, la compréhension, l'initiative et la spontanéité[242].

Que ces phrases stimulantes et lucides, pestalozziennes, continuent de nous inspirer.

---

[241] Je souhaite préciser ici la mémoire *émotive* et non, bien évidemment, la mémoire *mécanique*.

[242] Jean HOUSSAYE (2010). « Révolution, professionnalisation et formation des maîtres», p. 165.

Dictionnaire biographique

JOHANN LUDWIG ABERLI (Winterthour, Canton de Zurich, 14 novembre 1723 – Berne, 17 octobre 1786). Peintre suisse. Ami du poète et peintre Salomon Gessner (1730-1788), influencé par les idées de Rousseau* et d'Albrecht von Haller sur la nature, Aberli a été à l'origine de l'École suisse du paysage. En 1774, il séjourne au bord du lac de Joux avec son confrère Sigmund Freudenberger (1745-1801) d'où il ramènera la *Collection de quelques vues dessinées en Suisse* (1782).

ERNEST ANSERMET (Vevey, 11 novembre 1883 – Genève, 20 février 1969). Mathématicien, théoricien de la musique et chef d'orchestre suisse. En 1961, il publie *Les Fondements de la musique dans la conscience humaine* qui constitue, au XXᵉ siècle, avec les ouvrages en psychologie de Paul Diel (1893-1972)*, une essentielle référence post-pestalozzienne.

JOHANN CASPAR BACHOFEN (Zurich, 26 décembre 1695 – Zurich, 23 juin 1755). Compositeur et *Kantor* suisse. Petit-fils de pasteur et second fils d'un tailleur et maître d'école, Bachofen grandit à Zurich où il étudie la théologie jusqu'en 1720. Au début de 1711, il entre, avec son frère Heinrich, au *Musikkollegium zur Chorherren*. En 1720, Johann Caspar est nommé *Kantor* à la *Lateinschule* de sa ville natale. Il sera, en 1739, *Kapellmeister* du *Collegium zur deutschen Schule*. Dès 1742, il occupe la même place au *Großmünster* en tant que successeur de Johann Caspar Albertin (1665-1742). Dans le même temps, il est maître de chant dans les deux *Lateinschulen*. Et, cela en dépit de ses querelles avec les personnalités officielles et ses collègues. En effet, il s'agissait d'un poste très important. Il tombe malade en 1748, ce qui va entraver l'exercice de ses fonctions et assombrir ses sept dernières années d'existence. Sa mise en musique de la Passion avec son oratorio *Der für die Sünde der Welt gemarterte und sterbende JESUS*, sur le canevas du poète Barthold Heinrich Brockes (1680-1747), sera publiée, *post mortem*, en 1759. Bachofen est, surtout, connu pour sa collection de cantiques et arias spirituels publiée, dès 1727, à Zürich, dans l'officine de Hans Heinrich Bürkli, sous l'intitulé *Musicalisches Hallelujah, oder Schöne und Geistreiche Gesänge, mit neuen und anmühtigen Melodeyen Begleitet, und zur Aufmunterung zum Lob Gottes*. Les deux cents textes sont traités de une à trois voix, avec la basse continue réalisée par l'orgue *(mit Generalbass)*. Cet impressionnant *corpus* a connu un ample succès puisqu'il sera réimprimé onze fois jusqu'en 1803. La préface indique que ces chants sont essentiellement destinés à l'usage domestique. Ce faisant, Bachofen rompt avec la tradition à quatre voix selon la manière des psaumes mis en musique par Claude Goudimel (*ca* 1520-1572). La signification inhérente à cette démarche marque un tournant dans l'histoire de l'hymnologie suisse d'expression allemande. Toutefois, la maîtrise musicale de Bachofen sera parfois contestée par ses contemporains qui la jugeaient déficiente quant à sa construction, son langage harmonique et ses développements mélodiques. Cela n'a pas empêché le *Musicalisches Hallelujah* d'être fort prisé dans les foyers. Ainsi, dans le Canton de Saint-Gall, le néologisme *bachofele* sera-t-il forgé et usité, au XIXe siècle, pour désigner un rassemblement de chanteurs.

JONATHAN FRIEDRICH BAHNMAIER [BAHNMEIER] (Oberstenfeld, Wurtemberg, 12 juillet 1774 – Owen, Wurtemberg, 18 août 1841). Pasteur et hymnologue allemand. Il fait ses premières études à Tübingen. En 1798, il est nommé assistant de son père. Sa carrière pastorale se poursuit, en 1806, à Marbach am Neckar, en tant que diacre. Puis, dès 1810, à Ludwigsburg où il dirige la *Mädchenschule* dans laquelle enseigne Philipp Friedrich Silcher (1789-1860)*. Cinq années plus tard, il est nommé professeur d'Éducation et d'Homilétique à Tübingen mais de sérieux troubles l'obligent à démissionner. Bahnmaier s'installera, en 1819, à Kircheim-unter-Teck où il exercera comme Doyen et prédicateur pendant vingt-et-une années. En 1842, il travaillera à l'élaboration du *Württemberg Gesangbuch*.

DR GEORGE EDWARD BIBER (Ludwigsburg Wurtemberg, 4 septembre 1801 – West Allington, Grantham, Lincolnshire, 19 janvier 1874). Après avoir quitté son pays, il enseigne à Yverdon peu avant la dissolution malheureuse de l'Institut, mais après le départ de Pestalozzi. En 1827, il publie à St Gall son *Beitrag zur Biographie Heinrich Pestalozzi's* puis, à Londres, en 1831, *Henry Pestalozzi and his Plan of Education*. Lors de son installation en Angleterre, Biber n'avait pas de conviction mais décidera bientôt de rejoindre l'Église anglicane.

JOSEPH URBAN BLÖCHLINGER VON BANNHOLZ (1788-1855). Pédagogue suisse. Il s'est établi à Vienne en 1804 où il ouvrira un pensionnat dix ans plus tard. Karl van Beethoven (1806-1858), le neveu du compositeur, y a été élève entre 1819 et 1823.

JOHANN JACOB BODMER (Greifensee, Zurich, 19 juillet 1698 – Schönenberg, Zurich, 2 janvier 1783). Professeur, critique, traducteur et poète suisse. C'est au cours de ses études de théologie qu'il s'intéresse en profondeur à l'histoire et à la littérature française, anglaise et italienne. En 1731, il est nommé à la chaire d'histoire suisse du *Carolinum* de Zurich qu'il occupera jusqu'en 1775. Avec Johann Jacob Breitinger (1701-1776)*, Bodmer a particulièrement valorisé l'imagination. Pestalozzi a été son élève peu enthousiaste. Friedrich Gottlieb Klopstock (1724-1803), Christoph Martin Wieland (1733-1813), Johann Wolfgang von Goethe (1749-1832) ont fréquenté sa demeure.

JACOB BÖHME [BOEHME] (Alt-Seidenberg, Görlitz, Silésie, 1575 – Görlitz, 21 novembre 1624). Philosophe allemand. Böhme est l'un des plus grands représentants des courants mystiques et théosophiques de l'Allemagne des XVIe et XVIIe siècles. Contesté de son vivant, en raison de l'originalité de sa pensée, il exercera une forte influence sur les esprits voués à la recherche de la « connaissance ». Philosophe gnostique, Böhme est fasciné par les symboles bibliques et, grâce à la pénétration de son esprit, leur donne un sens nouveau *(Verstand)*. Fils de petits propriétaires aisés, il est né dans un milieu luthérien, mais où diverses sectes, à tendances visionnaires et prophétiques, ne manquaient pas d'audience. Les ressources d'une école campagnarde étant limitées, il y restera cependant jusqu'à l'âge de quatorze ans et en sortira capable de lire des ouvrages comme ceux de Paracelse (1493-1541), de Sebastian Franck (1499-1542), et de Valentin Weigel (1533-1588). Apprenti chez un fabricant de chaussures de son village natal pendant trois ans, il part ensuite en voyage. Il a probablement parcouru la Silésie et la Bohême. En 1594, il se fixe à Görlitz. Cinq ans plus tard, il épousera la fille d'un boucher et deviendra citoyen de la ville. Böhme n'est pas un pauvre artisan, mais un « maître cordonnier », propriétaire d'une maison bourgeoise, père de quatre fils, également établis de façon « honorable ». Grand lecteur et connaisseur de la Bible, qu'il commentera longuement, en particulier dans son *Mysterium magnum* (1623), il suit avec assiduité et courage les prédications des pasteurs à l'époque où, devenu suspect, il y entendait, du haut de la chaire, de violentes paroles à son encontre. Dans l'église Saint-Pierre-et-Saint-Paul de Görlitz, il écoute probablement les sermons de Martin Moller (1547-1606), plus conciliant. Mais, le successeur de ce dernier, Gregorius Richter (1560-1624), l'accusera publiquement d'hérésie et de sorcellerie. Pour le sauver, il faudra l'intervention d'amis appartenant à la noblesse locale. Menacé cependant d'expulsion, Jacob se résout au silence ; pendant sept ans il n'écrira plus rien. En 1613, il vend son atelier. À court de ressources, il se remet ensuite, sinon à la fabrication, du moins au commerce des chaussures, ce qui le conduit plusieurs fois à Prague. C'est là qu'il assiste aux prodromes de la guerre de Trente Ans (1618/48) et, dans une lettre prophétique, annonce les horreurs qu'elle va entraîner. Reprenant la plume en 1617, il compose en cinq ans une surprenante série d'écrits, dont le traité de *L'Incarnation*, les *Six Points*, le *Mystère céleste et terrestre*, le *De signatura*, les *Quatre Complexions*, les *Deux Testaments* et le *Mysterium magnum*, commentaire symbolique des cinquante premiers chapitres de la Genèse. Autour de lui se groupent quelques amis fervents, « libres chrétiens », avec lesquels Böhme entretient une importante correspondance. En 1624, à demi abandonné par ses amis du conseil, il se réfugie à Dresde où il trouve bon accueil à la Cour du prince-électeur. Mais, si l'on veut bien le croire inoffensif, on le traite plutôt en bête curieuse qu'en maître de sagesse. Déçu, il retourne vite à Görlitz où d'autres épreuves l'attendraient s'il ne mourait prématurément, en novembre de la même année.

JOHANN JACOB BREITINGER (Zurich, 17 mars 1701 – Zurich, 14 décembre 1776). Homme de lettres, professeur et philologue suisse. En 1720, il commence son enseignement de la théologie et sa collaboration avec Johann Jacob Bodmer (1698-1783)*. Il occupera plusieurs chaires au *Collegium humanitatis* et au *Carolinum* de Zurich : l'hébreu, la logique et la rhétorique puis le grec. Breitinger s'est spécialement intéressé aux questions pédagogiques et à la formation.

PHILIPPE-SIRICE BRIDEL (Begnins, Canton de Vaud, 20 novembre 1757 – Montreux, Canton de Vaud, 20 mai 1845). Théologien et folkloriste suisse. Surnommé le « doyen Bridel », il a, entre autres, été pasteur de l'Église française de Bâle (1786/96), de

Château-d'Œx (jusqu'en 1805), de Montreux, jusqu'à sa mort. Dans son œuvre, il a notamment puisé son inspiration chez Johann Jacob Bodmer (1698-1783)*, Johann Jacob Breitinger (1701-1776) et surtout Johann Caspar Lavater (1741-1801)*. Les Alpes constituent un motif dominant de sa poésie. Bridel a été l'un des rares membres romands de la Société helvétique.

MARIA THERESA BRUNSVIK [TEREZ BRUNSZVIK DE KOROMPA] (Pozsony, Hongrie, 27 juillet 1775 – Pest, Hongrie, 23 septembre 1861). Pédagogue hongroise. Stimulée par sa visite de l'Institut Pestalozzi à Yverdon en 1808, elle s'est consacrée à des œuvres de charité parmi lesquelles la fondation de crèches pour les plus jeunes. Avec sa famille, elle a également été proche de Beethoven qui lui a dédié sa Sonate pour piano en *Fa* dièse Majeur, opus 78 (1810).

JACQUES BURDET (Lutry, Canton de Vaud, 19 juin 1905 – Lausanne, 13 septembre 1984). Musicologue et pédagogue suisse. Il a, entre autres, été l'élève d'Aloys Fornerod (1890-1965) pour l'histoire de la musique. Entre 1927 et 1933, il est instituteur à Cossonay, puis à Yverdon (1933/41) avant sa nomination comme maître de musique au collège scientifique à Lausanne (1941/57). Il poursuit sa carrière à l'École normale (1957/70). Burdet est, plus spécialement, l'auteur d'une véritable somme en trois volumes consacrée à la musique dans le Canton de Vaud (1963/83).

JOHANN CHRISTOPH BUSS [BUß, BUUß, BUSSE] (Tübingen, 1776 – Berne, 1855). Pédagogue et relieur allemand. Il était en étroite relation avec Johann Georg Gustav Tobler (1769-1843) à Bâle [Basel]. Vers 1800, il enseigne le dessin et les mathématiques à la *Stadtschule* de Burgdorf [Berthoud] avant de rejoindre Pestalozzi qu'il quittera en janvier 1805. Ce dernier lui avait cédé la plume, en 1801, dans la troisième lettre de « Comment Gertrude instruit ses enfants ».

DANIEL-ALEXANDRE CHAVANNES (Vevey, 21 juillet 1765 – Lausanne 29 octobre 1846). Pasteur, professeur de zoologie suisse. Par ailleurs, il était un excellent chanteur et violoncelliste amateur exerçant une influence certaine au sein de la Société helvétique de musique. Chavannes a été l'un des protagonistes du *chant national* dans le Canton de Vaud.

ANTOINE-ÉLISÉE CHERBULIEZ (Mulhouse, 22 août 1888 – Zurich, 15 octobre 1964). Musicologue suisse. Il étudie l'orgue, à Strasbourg, auprès d'Albert Schweitzer (1875-1965) et la composition avec Max Reger (1873-1916). Entre 1917 et 1921, il est Directeur de la musique à Wattwil, puis à Coire et Arosa (1921/42). Cherbuliez sera également professeur de musicologie à l'université de Zurich, jusqu'en 1958, ainsi qu'à l'École Polytechnique fédérale. Il s'est notamment intéressé à la pédagogie de la musique en Suisse et a publié, en 1944, sa remarquable *Geschichte der Musikpädagogik in der Schweiz*.

ALEXANDRE-ÉTIENNE CHORON (Caen, 21 octobre 1771 – Paris, 29 juin 1834). Musicien, écrivain, éditeur et pédagogue français. Il a été à l'origine de l'intérêt pour l'histoire de la musique en publiant son *Dictionnaire historique des musiciens* (1810/11 – 1817). Préoccupé par l'indigence en matière de pédagogie musicale, il souscrit, en 1809, à la *Gesangbildungslehre* (1810) de Nägeli*. En 1811, il édite sa *Considération sur la nécessité de rétablir le chant d'église de Rome dans toutes les églises* et sa *Méthode élémentaire de la musique et de plain-chant*. Un an plus tard, Choron est chargé de réorganiser les maîtrises. Louis XVIII (1755-1824) le nomme régisseur général de l'Académie Royale de Musique, le 18 janvier 1816. Il provoquera la réouverture du Conservatoire, fermé depuis 1815, sous le nom d'École royale de chant et de déclamation. Mais, il sera contraint de démissionner de la direction de l'Opéra le 30 mars 1817, sans pension, par suite du trop grand nombre de réformes qu'il avait voulu introduire. Il fonde et dirige aussitôt l'« Institution Royale de Musique Classique et Religieuse » dont l'influence sera considérable spécialement pour ce qui concerne la valorisation des œuvres de Palestrina, Bach et Händel. Avec la Révolution de 1830, le Gouvernement lui retirera son soutien financier. L'établissement de Choron connaîtra alors de graves difficultés propres à décourager son enthousiasme. Il en mourra.

COMENIUS [JAN AMOS KOMENSKÝ] (Uherský-Brod, Moravie, 28 mars 1592 – Amsterdam, 15 novembre 1670). Pédagogue et humaniste tchèque. Il appartenait à l'Union des Frères de Bohême, mouvement protestant issu des cendres du Réformateur Jean Hus (*ca* 1370 – 1415). Après des études à Herborn (Nassau) où il est reçu docteur, puis à l'université de Heidelberg, il dirige, de retour dans sa province natale, l'école de Přerov pour laquelle il compose, en 1616, ses *Grammaticae facilioris prae-*

cepta (« Règles pour une grammaire plus facile »). Ordonné prêtre la même année, il reçoit la cure et l'école de Fulnek (1618), l'un des plus importants centres des *Böhmische Brüder*. Mais, contraint à fuir les troupes espagnoles qui envahissent la province (1621), puis la persécution ordonnée par Ferdinand II de Habsbourg (1578-1637), il se réfugiera avec ses coreligionnaires, à Leszno, en Pologne (1628). La publication, en 1631, d'une méthode intuitive d'apprentissage des langues, *Janua linguarum reserata* (« La Porte ouverte sur les langues »), lui vaut aussitôt à travers toute l'Europe et, notamment auprès des Jésuites, une réputation de réformateur de la pédagogie. Invité à Londres (1641), en Suède (1641/48), à la Cour des Rákóczy, en Transylvanie (1650-1654), en France où Richelieu (1585-1642) voulait qu'il s'établît, et aux Provinces-Unies où il finira ses jours, Comenius se consacre à l'élaboration d'un nouvel art d'enseigner centré sur l'épanouissement de la qualité même de l'homme *(Schola officina humanitatis)* plutôt que sur l'apprentissage d'un métier ou l'adaptation à une fonction sociale. Énoncés dans le titre même de ses ouvrages, *Didactica Magna* (« La Grande Didactique » – 1627/32 ; édition latine 1657), *Schola ludus seu encyclopedia viva* (« L'École du jeu ou Encyclopédie vivante » – 1657), *Orbis sensualis pictus* (« Monde en images » – 1658), ses principes pédagogiques influenceront la conception occidentale de l'enseignement portée à son plus haut degré de compréhension par Pestalozzi. De même, ses valorisations philosophiques : un pansophisme marqué par l'inquiétude de son époque, sa défense de la paix universelle et celle de la réunification des Églises chrétiennes influenceront le Piétisme allemand, Madame de Staël (1766-1817) et, aux États-Unis, la *Moravian Church*. Comenius a enrichi l'hymnologie tchèque dans l'esprit de la tradition hussite.

WILLIAM CROTCH (Norwich, Norfolk, 5 juillet 1775 – Taunton, Somerset, 29 décembre 1847). Compositeur, organiste, théoricien et peintre anglais. Crotch a été l'un des plus remarquables musiciens de son temps, celui du Romantisme et du *Gothic Revival*. Il apparaît que, dès son plus jeune âge, ses facultés musicales se sont manifestées comme en témoigne singulièrement une gravure de James Fittler (1758-1835) le montrant, fort éveillé, âgé de trois ans seulement. On le surnomma, d'ailleurs, *the Musical Child*. En 1779, il faisait la connaissance de Charles (1757-1834) et Samuel (1766-1837) Wesley. Avec ce dernier, Crotch restera en relation d'amitié sa vie durant. Le 4 juin 1789, son oratorio, *The Captivity of Judah*, était exécuté à Trinity Hall, Cambridge. En septembre de l'année suivante, Crotch sera nommé organiste de Christ Church, à Oxford. Sept ans plus tard, il succédera à Philip Hayes (1738-1797) en tant que professeur de musique et organiste de St John's College et de l'église universitaire St Mary the Virgin. Entre-temps, en 1794, il avait obtenu le grade de *Bachelor of Music* et composé ce que l'on connaît, aujourd'hui, comme les *Westminster Chimes*. Ce faisant, Crotch sera le premier à donner véritablement des conférences en histoire, théorie et esthétique de la musique *(Heather Professor of Music)*. Au cours de ses premières années à Oxford, Crotch s'est lié d'amitié avec John Malchair (1730-1812), remarquable collecteur de musique ancienne et nationale. Il était également un artiste et un maître de dessin qui en faisait la figure centrale de l'*Oxford school of artists*. Grâce à Malchair, Crotch a développé son vif intérêt pour la peinture de paysage *(landscape)* et le dessin. Dès 1806/07, il s'installe à Londres où il assiste, entre autres, Samuel Wesley, Benjamin Jacob (1778-1829), et Vincent Novello (1781-1861) dans leur intérêt pour la musique de Bach encore peu connue en Angleterre. Il participe à une série de récitals en la Surrey Chapel. Au mois d'avril 1812, il crée son oratorio *Palestine* d'après un poème du *Bishop* Reginald Heber (1783-1826). L'année suivante, il participe à la fondation de la Philharmonic Society. Entre 1812 et 1823, il prononcera de nombreuses conférences pour la Surrey Institution et, dans les années 1820, pour la Royal Institution et la London Institution. Lors de l'établissement de la Royal Academy of Music, en 1822, il en est nommé le *principal*. Il y donne, de surcroît, des cours d'harmonie, de contrepoint et de composition dont Sir William Sterndale Bennett (1816-1875) se souviendra avec affection. Le 21 juin 1832, Crotch démissionnera de son poste de principal à la RAM en raison notamment des difficultés administratives qui ont, en permanence, obstrué sa tâche pédagogique. Et, peut-être, aussi à la suite d'un incident ridicule au cours duquel il aurait embrassé une étudiante pour la féliciter de son bon travail. Sa dernière apparition publique aura lieu, à Westminster Abbey, le 28 juin 1834, à l'occasion d'un Festival Handel où il jouera de l'orgue. En matière de *church music*, les conférences de Crotch auront une influence décisive sur le *Reverend* Thomas Helmore (1811-1890) et certains initiateurs du Tractarian movement. Selon le spécialiste anglais de la *cathedral music*, John Skelton Bumpus (1861-1913), Crotch a, aussi, rédigé un commentaire complet des Ancien et Nouveau Testaments et du Livre des Psaumes. Sa pensée esthétique s'inspirait du peintre Sir Joshua Reynolds (1723-1792). Elle divisait la musique en trois catégories : *the sublime, the beautiful*, et *the ornamental*. Le « sublime » renvoie au sommet de la création artistique tel que, par exemple, Michelangelo (1475-1564) l'a incarné en peinture. Crotch donne, en musique, l'exemple des chœurs de Händel et des fugues pour orgue de Johann Sebastian Bach. Selon lui, la pure *sublime music* réside dans l'authentique style de *church music* tel qu'il s'épanouit au XVIe et au début du XVIIe siècles, en Italie et en Angleterre avec Giovanni Pierluigi da Palestrina (1525/26-1594), William Byrd (1540-1623) et Orlando Gibbons (1583-1625).

JOHN CURWEN (Hurst House, Heckmondwike, Yorkshire, 14 novembre 1816 – Heaton House, Heaton Mersey, Lancashire, 26 mai 1880). Pédagogue de la musique anglais. Au cours de sa carrière de ministre congrégationnaliste, il s'est intéressé à la pensée de Pestalozzi dont il a étudié les écrits grâce à sa lecture des *Lessons on Objects* d'Elizabeth Mayo (1793-1865)*, sœur de Charles (1792-1846)*. Les ouvrages de Nägeli* l'ont également passionné. Son attention s'est bientôt concentrée sur la valeur morale et éducative de la musique. L'aboutissement de sa démarche se concrétisera, en 1869, avec la fondation du Tonic Sol-fa College. Il a eu parfois à souffrir du mépris de quelques musiciens professionnels. Pour autant, sa méthode a peut-être exercé la plus grande influence musicale, en son temps, sur les écoles et les maîtres. À la fin de sa vie, il publiera en quelque sorte un testament pédagogique, *The Teacher's Manual* (1875), véritable somme de sa pensée et de son expérience. Il est intéressant de souligner que l'apport de Curwen se situe dans un contexte profond de réforme morale relative aux notions de tempérance, de combat missionnaire et de lutte contre l'esclavagisme.

PAUL DIEL (Vienne, 11 juillet 1893 – Paris, 5 janvier 1972). Psychologue français d'origine autrichienne. Orphelin à treize ans, Diel passe huit années dans un orphelinat religieux. Il obtient son baccalauréat avec le soutien d'un tuteur. Avant de se tourner définitivement vers la psychologie, il est acteur, romancier, poète. Diel vit alors à Vienne dans un environnement intellectuel brillant. Il approche des écrivains remarquables tels que Robert Musil (1880-1942), l'auteur de « L'Homme sans qualités » (1930/33), et Arthur Schnitzler (1862-1931). Puis, il étudiera notamment les travaux de Sigmund Freud (1856-1939) et d'Alfred Adler (1870-1937). En philosophie, il sera influencé par Immanuel Kant (1724-1804) et Baruch Spinoza (1632-1677). Il s'intéressera également aux sciences, notamment la physique, la biologie et l'évolution. Tout en continuant à lire Freud, à suivre des cours de psychiatrie et à écrire son roman psychologique *Imagination et Réalité*, il fait la connaissance de Thomas Mann à qui il soumet son texte. Dès 1935, ses travaux sont remarqués par Albert Einstein (1879-1955) qui lui écrira : « Votre œuvre nous propose une nouvelle conception unifiante du sens de la vie et elle est à ce titre un remède à l'instabilité de notre époque sur le plan éthique ». À cause de l'*Anschluss*, en 1938, Diel se réfugie en France où il sera par la suite interné dans le camp de Gurs, au Sud du pays, en raison de sa nationalité étrangère. Après la Libération en 1945, grâce aux recommandations d'Einstein et d'Irène Joliot-Curie (1897-1956), il entre au CNRS comme psychothérapeute dans le laboratoire de psychologie de l'enfant dirigé par le bio-psychologue Henri Wallon (1879-1962). Il y applique ses idées sur de jeunes prédélinquants, se montrant d'autant plus efficace qu'il a lui-même connu l'errance et compris ses ressorts. *Psychologie de la motivation*, son œuvre maîtresse, paraît en 1947. Consacrée à une question, comment se motive-t-on ?, que les psychologues ont préféré laisser aux philosophes, elle rencontre le mépris des premiers et le dédain des seconds. C'est que Paul Diel dérange, en renvoyant dos à dos idées spiritualistes et pensée matérialiste. L'étude du fonctionnement psychique l'amène à travailler sur l'élucidation du sens caché des symboles dans les mythologies, les textes bibliques, les rêves et les symptômes psychopathiques. Gaston Bachelard (1884-1962), dans sa préface du *Symbolisme dans la mythologie grecque* (1954), témoigne de l'apport décisif de Diel à la compréhension du langage symbolique et en souligne les conséquences : « Quand on aura suivi Paul Diel dans ses traductions psychologiques minutieuses et profondes, on comprendra que le mythe couvre toute l'étendue du psychisme mis à jour par la psychologie moderne. C'est tout le problème de la destinée morale qui est engagé dans cette étude ». Paul Diel a découvert les lois du fonctionnement psychique et établi une méthode d'auto-observation de soi d'où découle une technique introspective précise et rigoureuse d'élucidation des motifs subconscients. À partir de sa découverte, il montre magistralement que les mythes et religions de toutes les cultures se rejoignent et expriment, de façon imagée, les lois qui régissent le fonctionnement du psychisme et, partant, le sens de la vie. Il établit ainsi une phylogenèse et une ontogenèse des organismes vivants puis, au niveau de l'espèce humaine, le fondement de la morale et des valeurs de la vie. La morale devient un concept biologiquement enraciné dans l'être psychosomatique tout entier et la beauté, la bonté et la vérité deviennent les idéaux-guides de l'humanité. Ainsi définie, la morale s'oppose radicalement au moralisme, à l'amoralisme et à l'immoralisme : elle est une règle de vie, un art de vivre, un savoir être et un savoir vivre. Enfin, il montre que les mythes et les religions sont les expressions symboliques extra conscientes de la légalité de la vie et de son mystère et que les rêves sont des « mythes » individuels, des productions psychiques destinées à orienter l'individu vers le sens de la vie, vers la satisfaction la plus intense et la plus persistante. Il y a donc une relation univoque entre les formulations symboliques de l'extraconscient (le surconscient et le subconscient) et les formulations conceptuelles du conscient d'où il découle la possibilité, pour l'homme, de connaître objectivement ses motifs intimes plus ou moins refoulés et pathologiques puis, par ce travail de spiritualisation, la possibilité de leur sublimation.

WILHELM CHRISTIAN LUDWIG DILTHEY (Biebrich am Rhein, Wiesbaden, 19 novembre 1833 – Seis am Schlern, Tyrol, 1er octobre 1911). Historien, écrivain sur la musique, psychologue, sociologue et philosophe allemand. Au début des années 1870, il esquisse une *Ästhetik der Musik*. Il sera professeur de philosophie à l'université de Bâle, aux côtés de Jacob Burckhardt (1818-1897), où il enseigne de 1867 à 1868 ; puis, à celles de Kiel (1868/71), de Breslau (1871/82) et de Berlin (1882-1905). Développant une théorie de la connaissance, il rédige, vers 1906, son texte *Das musikalische Verstehen*, source remarquable de l'herméneutique musicale. Dilthey a été inspiré, notamment, par les travaux de Friedrich Daniel Ernst Schleiermacher (1768-1834) sur l'herméneutique qui étaient jusque-là restés dans l'oubli. Après l'historien Johann Gustav Droysen (1808-1884), il confirmera la distinction entre « expliquer » *(erklären)* et « comprendre » *(verstehen)* : « Nous *expliquons* la nature, nous *comprenons* la vie psychique. » Dès lors, l'herméneutique va se fonder sur le trinôme du « vécu » *(Das Erlebnis)*, de l'« expression » *(der Ausdruck)* et de la « compréhension » *(der Verstand)*. Schleiermacher et Dilthey peuvent, tous deux, être rattachés au Romantisme allemand. Dilthey est généralement considéré comme un empiriste, même si son empirisme diffère de l'empirisme de l'École anglaise dans ses présupposés épistémologiques fondamentaux. De son vivant, il s'est toujours refusé à être rattaché aux principaux représentants de la sociologie de son époque comme Auguste Comte (1798-1857) et Herbert Spencer (1820-1903). Il rejetait, en effet, leur évolutionnisme et trouvait, également, que le terme de « sociologie » était employé comme paravent pour des recherches disparates qui manquaient de clarté analytique. À ses yeux, l'étude des sciences humaines implique l'interaction de l'expérience personnelle, la compréhension réflexive de l'expérience et l'empreinte de l'esprit dans les gestes, les mots et l'art. Dilthey soutenait que tout enseignement doit être envisagé à la lumière de l'histoire (plan de la réalité historique), sans laquelle la connaissance et la compréhension ne sauraient être que partielles.

JOHANN HEINRICH EGLI (Seegräben, Wetzikon, Canton de Zurich, 4 mars 1742 – Zurich, 19 décembre 1810). Compositeur et pédagogue suisse. Il a suivi l'enseignement de Johannes Schmidlin (1722-1772)* pour le chant, le piano et la composition avant de se consacrer, en autodidacte, à l'étude des partitions des Allemands Johann Philipp Kirnberger (1721-1783), Friedrich Wilhelm Marpurg (1718-1795) et Carl Philipp Emanuel Bach (1714-1788). Vers 1760, Egli s'installe à Zurich en tant que violoniste. Il se fera aussi connaître comme un excellent professeur de chant et de piano. Parmi ses amis, se trouvaient, outre Nägeli et Lavater*, le pasteur Johann Jakob Hess (1741-1828)* et son collègue Johann Jakob Walder*. Egli est l'auteur de plus de quatre cents *Lieder* dans l'esprit de l'École de Berlin. En 1786 et 1789, il a publié une collection destinées aux amateurs de chant et de clavier, *Musikalische Blumenlese für Liebhaber des Gesangs und Claviers*.

JOHANN DANIEL ELSTER (Benshausen, Thuringe, 16 septembre 1796 – Wettingen, Canton d'Argovie, 19 décembre 1857). Pédagogue de la musique allemand. Obligé de fuir l'Allemagne pour sa participation à la fameuse fête de la Wartburg, en Thuringe, il parcourt de nombreux pays en Europe. Entre 1823 et 1825, il est maître de musique à Lenzburg puis à Baden (1825/28), dans le Canton d'Argovie. Entre-temps, il a fait la connaissance de Nägeli*. Après être retourné en Thuringe et dans diverses villes allemandes, il revient en Suisse afin d'enseigner la musique, comme *Seminarmusiklehrer*, aux Écoles normales de Lenzburg et Wettingen (Argovie) de 1845 à 1857. Elster a particulièrement valorisé les chœurs d'hommes et le chant populaire tout en publiant un recueil de chants à l'intention des écoles argoviennes.

JOHANN GEORG FRECH (Kaltenthal, Stuttgart 17 janvier 1790 – Esslingen, 23 août 1864). Organiste et *Musikdirektor* allemand. Il fait ses études au *Gymnasium* de Stuttgart tout en s'initiant à la musique. En 1812, il devient *Musiklehrer* au *Lehrerseminar* de Esslingen où il assurera, dès 1820, les fonctions de *Musikdirektor* et d'organiste de la *Hauptkirche*. Avec Konrad Kocher* et Friedrich Silcher*, il a collaboré à l'élaboration du répertoire du *Kirchengesang* pour le Wurtemberg. Les trois hommes publieront, en 1828, *Das Württembergische Choralbuch*, et un autre *corpus* en 1844.

JOHANN ANASTASIUS FREYLINGHAUSEN (Gandersheim, Wolfenbüttel, 2 décembre 1670 – Halle, Saale, 12 février 1739). Éditeur, théologien, pédagogue et mélodiste, le plus éminent représentant musical du Piétisme de Halle, fondé par August Hermann Francke (1663-1727). L'esprit de ses mélodies n'a rien du sentimentalisme mou que l'on associe communément au terme de Piétisme. Dès Pâques 1689, il étudie à l'université d'Iéna. Dans le même temps, il s'initie aux écrits de Martin Luther (1483-1546), de Johann Arndt (1555-1621) et de Philipp Jacob Spener (1635-1705). Deux ans plus tard, il entreprendra un voyage « initiatique » avec quelques autres étudiants. Après six semaines, le groupe réside à Erfurt. Freylinghausen y rencontre August Hermann Francke, dont il écoute avec attention les « prédications sérieuses ». Il les perçoit comme une nouvelle langue et poursuit ses études, progressivement imprégné par la pensée piétiste à laquelle s'opposent vigoureusement ses parents. Néanmoins, il répond à l'appel de Francke et du pasteur Joachim Justus Breithaupt (1658-1732) et se rend à Halle, en 1692. À la fin de 1693, il rentre à Gandersheim afin d'y prêcher et d'éduquer les enfants. En 1695, Freylinghausen est de retour à Halle où il assiste Francke au *Waisenhaus*. En 1715, alors qu'il est *Adjunkt* à St. Ulrich, il épouse la fille unique de son maître, Johanna Anastasia. Freylinghausen est nommé *Subrektor* du *Pädagogium* en 1723. Après la mort de Francke, il devient son successeur officiel. À part son enseignement de l'homilétique, il est plus particulièrement connu pour l'édition de ses deux recueils de cantiques publiés, à Halle, entre 1704 et 1741, l'ensemble comprenant mille cinq cent quatre-vingt-un *Kirchenlieder* pour six cent neuf mélodies. La dernière version étant imprimée, *post mortem*, sous le contrôle de Gotthilf August Francke (1696-1769), fils d'August Hermann. Selon Freylinghausen, l'apprentissage du chant est essentiel pour la formation de l'esprit et le développement de l'éveil à la foi. Chaque semaine, il réunissait deux mille participants à l'occasion des heures vocales de son institution. Il est, lui-même, l'auteur de quarante-quatre textes de cantiques, pour vingt-deux mélodies.

FRIEDRICH WILHELM AUGUST FRÖBEL (Oberweissbach, Thuringe, 21 avril 1782 – Marienthal, 21 juin 1852). Pédagogue allemand. Il a introduit le premier *Kindergarten* en 1840 et a été l'un des réformateurs de la pédagogie parmi les plus influents au XIXe siècle dans le sillage de Pestalozzi.

FRIEDRICH THEODOR FRÖHLICH (Brugg, Argovie, 20 février 1803 – Aarau, Argovie, 16 octobre 1836). Compositeur suisse. Lors de ses études au Gymnase de Zurich, il fait la connaissance de Nägeli*. Son père, juge de paix et maître d'école, souhaite qu'il entreprenne des études de droit. Obéissant, Friedrich Theodor fréquente les universités de Bâle et de Berlin entre 1822 et 1824. Il se plaira particulièrement dans cette dernière ville mais sera obligé de rentrer en Suisse pour des raisons de santé. C'est alors qu'il étudie la composition auprès de Michael Traugott Pfeiffer (1771-1849)* à Aarau. Deux ans plus tard, grâce à une bourse du gouvernement argovien, il retrouve Berlin avec joie afin d'y poursuivre ses études musicales auprès de Carl Friedrich Zelter (1758-1832)*, Bernhard Joseph Klein (1793-1832) et Carl Ludwig Heinrich Berger (1777-1839). Il y fait également la connaissance de Felix Mendelssohn Bartholdy (1809-1847) et du philologue Wilhem H. Wackernagel (1806-1869) qui deviendra un ami proche. À son retour en Suisse, sa vie sera quelque peu morose : il donnera quelques leçons de musique, enseignera ici et là, sans point fixe. Découragé, souffrant de son isolement artistique et assailli par de graves problèmes financiers, il se donnera la mort par noyade dans l'Aar. La plus grande partie de sa musique reste inconnue bien qu'il fût reconnu, *post mortem*, comme l'un des compositeurs significatifs du Romantisme en Suisse.

PIERRE GALIN (Bordeaux, 16 décembre 1786 – Paris, 30 août 1822). Pédagogue français. Professeur de mathématiques, il a été un parfait autodidacte dans le domaine de la musique. Constatant l'insuffisance foncière des traités de musicologie de son époque, il a eu l'idée de forger, par lui-même, une théorie qui soit l'expression d'une forte expérience mélodique. C'est ainsi qu'il s'est livré à l'analyse des chants populaires qu'il connaissait. Encouragé par ses travaux, il enseignera la musique dans sa ville natale puis à Paris tout en publiant, en 1818, son *Exposition d'une nouvelle méthode pour l'enseignement de la musique* que Ferdinand Buisson (1841-1932) a qualifié de « véritable monument de pédagogie ».

JOSEPH GERSBACH (Säckingen, Baden, 12 décembre 1787 – Karlsruhe, 3 décembre 1830). Compositeur, philanthrope et pédagogue allemand. Dès 1807, il entreprend, à Freiburg, des études de philologie, de philosophie et de mathématiques. Deux ans plus tard, il enseignera la musique en différents endroits dont Göttstadt, près de Bienne [Biel], dans le Canton de Berne. Il y rencontre le futur politicien Conrad Melchior Hirzel (1793-1843), alors son élève, qui l'accompagne notamment à Yverdon, en 1811. Gersbach était en contact avec les idées de Pestalozzi depuis 1804. Il n'aura de cesse de les incarner dans un enseignement de la musique à l'école. Il passera les années suivantes à Zurich où il rencontrera Nägeli* et Schnyder von Wartensee (1786-1868)*. Il remplacera ce dernier à Yverdon après son départ en 1817. Mais Gersbach n'y travaillera qu'une année avant de rejoindre son pays pour d'autres tâches pédagogiques. Il enseignera à l'École Normale de Karlsruhe pour laquelle il concevra, avec son frère Anton (1803-1848), un traité d'harmonie.

SARAH ANNA GLOVER (Norwich, 13 novembre 1786 – Malvern, 20 octobre 1867). Pédagogue anglaise. Lorsqu'elle était encore jeune fille, Sarah s'est acquise une belle réputation pour l'excellence de ses chœurs d'enfants en un temps où les *Charity Choirs* étaient fort incompétents et bruyants. C'est ainsi qu'en 1835 elle publie un compte-rendu de sa méthode sous l'intitulé *Scheme for Rendering Psalmody Congregational*. Elle mettra au point, au fur et à mesure, le fameux système *Tonic Sol-fa* que reprendra et répandra John Curwen (1816-1880)*. Dans un esprit pestalozzien, Sarah Glover avait compris que la théorie se construit à partir de la pratique et non l'inverse.

ALOIS FRANZ PETER GLUTZ [VON BLOTZHEIM] (Olten, Canton de Soleure, 2 avril 1789 – Schwyz, 6 septembre 1827). Poète et compositeur suisse. Il a perdu la vue au cours de son enfance. Autodidacte, il a parcouru le pays comme chanteur itinérant.

En 1824, il s'installe à Aarau. Fidèle à l'esprit de Gottlieb Jakob Kuhn*, Johann Rudolf Wyss* ou Johann Peter Hebel*, sa poésie dédiée à la Nature est dialectale.

JAMES PIERREPONT GREAVES (Merton, Surrey, 1er février 1777 – Alcott House, Ham County, Surrey, 11 mars 1842). Mystique, éducateur et réformateur anglais. Il était résolument opposé au christianisme dogmatique. Pour cette raison, Greaves est rapidement devenu un adepte de Jacob Böhme (1575-1624)*, de William Law (1688-1761), d'Emmanuel Swedenborg (1688-1772) et d'Amos Bronson Alcott (1799-1888). Son séjour auprès de Pestalozzi à Yverdon l'a profondément marqué tant il était convaincu de la bonté innée de l'enfant.

FRANZ JOSEF GREITH (Rapperswil, Canton de St Gall, 17 août 1799 – St Gall, 1er janvier 1869). Compositeur et pédagogue suisse. Il a reçu un premier enseignement musical de son père, directeur de la musique dans sa ville natale. Après ses études à Saint-Gall, Lucerne et Fribourg-en-Brisgau, il est nommé maître de chant à Coire, à Münchenbuchsee puis, entre 1824 et 1833, à l'École cantonale d'Aarau. De 1833 à 1860, il exerce les fonctions de maître de musique religieuse et directeur du chœur de la Cathédrale à Saint-Gall tout en professant au Gymnase. Greith est l'auteur de *Kirchenlieder* et de pièces pour chœur. Il a également composé la mélodie du chant du Grütli du médecin et professeur Johann Georg Krauer (1792-1845), *Von ferne sei herzlich gegrüsset* ainsi que *Ich bin ein Schweizerknabe*, et des chants patriotiques parmi les plus populaires en Suisse alémanique.

EDUARD HANSLICK (Prague, 11 septembre 1825 – Baden, Vienne, 6 août 1904). Critique musical, esthéticien et historien autrichien. Il publie en 1854 son traité *Vom Musikalisch-Schönen* (« Du Beau en Musique ») essentiellement consacré à la forme. En 1861, il sera nommé professeur d'histoire et d'esthétique de la musique à l'université de Vienne, considéré comme l'un des premiers postes officiels en ce domaine. Contre Anton Bruckner (1824-1896), il a été proche de Johannes Brahms (1833-1897). Son analyse a suscité maints débats et autres controverses dont certaines ont exagéré ses premières intentions. Dans le septième chapitre de son traité, relativement polémique, il écrit : « La musique se compose de combinaisons et de formes sonores qui n'ont d'autre sujet qu'elles-mêmes ». Cette assertion est fort contestable psychologiquement. Hanslick ne connaissait pas encore le fonctionnement de la psyché humaine et la légalité qui la régit. En prétendant que l'art n'est pas expression mais pure forme, en s'opposant délibérément au Romantisme tout en voulant fonder une nouvelle science, en niant à la musique tout contenu émotif, il a fortement contribué à développer le positivisme musical, cela non sans maintes contradictions.

JOHANN FRIEDRICH HERBART (Oldenburg, 4 mai 1776 – Göttingen, 14 août 1841). Philosophe, psychologue, théoricien de la pédagogie, esthéticien et musicien allemand. Entre 1794 et 1797, il est l'étudiant de Johann Gottlieb Fichte (1762-1814) à l'université de Iéna. Mais, par la suite, Herbart prendra ses distances avec sa pensée. Précepteur en Suisse (1797/1800), il prend connaissance de l'œuvre de Pestalozzi. D'où sa volonté à créer ses concepts à partir de l'expérience. Ce faisant, il se situe dans une tradition luthérienne. Il prône la réalité dans sa simplicité et son immuabilité mais dont l'homme ignore, intérieurement, les causes essentielles. Herbart a conçu trois théories : psychologique, esthétique et pédagogique. À juste titre, le jugement artistique ne doit pas occulter le jugement éthique. Pour lui, la psychologie constitue une méthode. Alors qu'il réside à Göttingen, il fait la connaissance de l'historien et bibliographe Johann Nikolaus Forkel (1749-1818) qui stimule son intérêt pour la musique de Johann Sebastian Bach. À Königsberg, où il enseigne dès le début de 1809, en tant que deuxième successeur d'Immanuel Kant, il fonde un institut de musique d'église destiné aux étudiants en théologie. La pensée de Herbart ne sera pas sans influence sur celle du compositeur et théoricien morave Leoš Janáček (1854-1928)*.

JOHANN JAKOB HESS (Zurich, 21 octobre 1741 – 29 mai 1828). Pasteur, théologien réformé et écrivain suisse, fondateur de la Société biblique de Zurich. Johann Heinrich Egli (1742-1810)* a mis en musique sa poésie patriotique. Entre 1768 et 1773, Hess a travaillé à son étonnant récit rationaliste, la *Geschichte der drey lezten Lebensjahre Jesu* (« Histoire des trois dernières années de la vie de Jésus »). Auteur prolifique, il était à la fois l'ami et le rival de Lavater*.

WILLIAM EDWARD HICKSON (Londres, 7 janvier 1803 – Fairseat, Kent, 22 mars 1870). Écrivain et pédagogue anglais. Il était également un musicien amateur de qualité et un authentique pionnier du renouveau de l'éducation musicale populaire. Riche, politique radical, il n'a eu de cesse de se dévouer à l'amélioration des conditions de vie du monde ouvrier. C'est dans cet esprit qu'il s'est fait l'avocat de la pratique musicale en vue d'adoucir moralement le quotidien de ces femmes, enfants et hommes. En 1836, il publie *The Singing Master*, une collection séculière de chants pour l'école et la maison.

FERDINAND FÜRCHTEGOTT HUBER (Saint-Gall, 31 octobre 1791 – 9 janvier 1863). Trompettiste, organiste, compositeur et professeur suisse. Il a passé la plus grande partie de son enfance adoptée à Lippstadt, en Westphalie. Après un séjour à Stuttgart, où il étudie auprès du *Stadtmusiker* Johann Georg Nanz [ou Nast], il rencontre Carl Maria von Weber (1786-1826). Huber rentre en Suisse en 1816 où il devient maître de musique et organiste à Berne et Saint-Gall. Il fait, alors, la connaissance de Gottlieb Jakob Kuhn (1775-1849)* à Hofwil, dans le Canton de Berne, où il est directeur de musique à l'Institut Fellenberg depuis le printemps 1817. Son nom est spécialement associé à l'*Alpenmusik*. En 1826, le patricien et bailli bernois Niklaus Friedrich von Mülinen (1760-1833) lui demandait de se procurer quelques cors des Alpes et de donner des cours à Grindelwald (BE). Entre-temps, en 1824, Huber était nommé professeur de chant dans les écoles de la ville et organiste à Ste Catherine. Il s'occupera aussi d'une fanfare, composera de nombreux chœurs d'hommes qu'il dirigera. En 1829, il s'établit à Berne où il enseigne à la *Realschule* jusqu'en 1832. Puis il poursuivra à celle de Saint Gall en tant que maître de chant. Entre 1843 et 1855, il sera professeur d'orgue, de piano et de violon au *Lehrerseminar der Kath. Kantonsschule*. En tant que compositeur, il exprime la *nationale Eigenart* dans l'esprit romantique. Son enthousiasme pour la montagne et la nature imprègne toute sa création. Mendelssohn a loué les belles qualités de ses *Lieder*.

JOHN PYKE HULLAH (Worcester, 27 juin 1812 – Grosvenor Mansions, Victoria Street, Westminster, 21 février 1884). Professeur de musique, organiste, et compositeur anglais. En 1829, il suit l'enseignement de William Horsley (1774-1858) avec lequel il étudie le piano, la musique vocale, et la composition. Dès 1833, il entre à la Royal Academy of Music où il est l'élève, pour le chant, de Domenico Crivelli (1793/96-1856). Deux ans plus tard, il rencontrera Charles Dickens (1812-1870) par l'intermédiaire de sa sœur Fanny (1810-1848) qui est aussi l'élève de Crivelli. *The Village Coquettes*, l'opéra comique de

Hullah sur des paroles de Dickens, est donné au St James's Theatre, le 6 décembre 1836. Il connaîtra un grand succès pour soixante représentations. Mais la plus grande partie de la musique sera détruite au cours d'un incendie à l'Edinburgh Theatre. En 1837, Hullah est nommé organiste de Croydon church. Dans le même temps, il compose plusieurs *songs* et un madrigal, *Wake now my Love*, qui sera créé par la Madrigal Society. Les échecs de sa musique dramatique l'incitent alors à s'intéresser à l'enseignement du chant. Avec le soutien indéfectible de Sir James Kay-Shuttleworth (1804-1877)*, secrétaire du *committee of council on education*, Hullah ouvre le 18 février 1840 une classe, à la Normal School for Schoolmasters de Battersea, conçue sur le modèle préconisé par le Français Guillaume Louis Bocquillon Wilhem (1781-1842)*. En février 1841, Hullah fonde, avec l'appui gouvernemental, sa *singing school for school masters and school mistresses* à Exeter Hall, Londres. Ce sera un succès qui aboutira, notamment, en juin 1847, à la fondation de Queen's College, à Harley Street, pour lequel Hullah a joué un rôle actif et prépondérant. Il s'agissait du premier établissement du pays destiné à promouvoir une éducation supérieure pour les femmes. Dans le même esprit, Hullah entretenait un lien amical avec John Frederick Denison Maurice (1805-1872), un théologien Majeur de l'Anglicanisme du XIXe siècle, fondateur du *Christian Socialism*. En 1858, il succédait à Horsley en tant qu'organiste de Charterhouse, un poste qu'il conservera jusqu'à sa mort. Au début de 1861, il prononce une série de conférences sur l'histoire de la musique moderne à la Royal Institution qui seront publiées l'année suivante. En 1866 et 1867, il dirige les concerts philharmoniques à Édimbourg. Deux ans plus tard, il sera élu au comité de direction de la Royal Academy of Music. Hullah était intimement convaincu de la force morale de la musique, pour chaque individu, source d'encouragement des valeurs au sein de la communauté, le besoin de la musique étant précisément relatif à une éducation libérale. Nonobstant certaines faiblesses de sa pédagogie, il est indéniable qu'il a assuré à la musique une place non négligeable dans le *cursus* scolaire de la Grande-Bretagne, lequel a grandement influencé et favorisé une pratique amateur intelligente de cet art. Réellement, il voulait faire de son *pays a sight singing country*.

ELAM IVES JR. (Hamden, Connecticut, 1802 – 10 février 1864). Chef de chœur et maître de chant américain. Lorsqu'il s'est installé à Hartford, il a pris connaissance de la pensée pestalozzienne

181

grâce à l'expérience de William Channing Woodbridge (1794-1845)*. Dès la fin de 1830, il s'établit à Philadelphie. Ives Jr. a été, dans son pays, le premier à appliquer les nouveaux préceptes pédagogiques de la pratique musicale selon Pestalozzi.

LEOŠ JANÁČEK (Hukvaldy, Moravie, 3 juillet 1854 – Ostrava, 12 août 1928). Compositeur, pédagogue, hymnologue et folkloriste morave. Son profond intérêt pour la psychologie de la musique à partir de la connaissance des lois qui régissent le fonctionnement psychique en fait l'un des théoriciens de la musique les plus pertinents du XXe siècle. Dans ce sens, Janáček a véritablement été l'héritier d'un Johann Friedrich Herbart (1776-1841)* tout en approfondissant la compréhension de la trinité fond-contenu-forme.

ARTEMAS NIXON JOHNSON (Middlebury, Vermont, 22 juin 1817 – New Milford, Connecticut, 1er janvier 1892). Pédagogue de la musique, éditeur et compositeur américain. Il a fait ses études musicales à Boston auprès de George James Webb (1803-1887)* et de Lowell Mason (1792-1872)* ainsi qu'en Europe, à Francfort-sur-le-Main, avec Xaver Schnyder von Wartensee (1786-1868)*. Johnson a été le premier théoricien de la musique professionnel en Amérique. Son *Johnson's System* a quelque peu rivalisé avec celui de Mason. Auteur prolifique, il a publié trente-six ouvrages, composé cinq cents œuvres dont de nombreux *tunes*, *anthems* et *gospel music*.

MARC-ANTOINE JULLIEN (Paris, 10 mars 1775 – 4 avril 1848). Homme de lettres français. Profondément marqué par la Révolution française, il se rendra compte de ses excès et de son intolérance notamment dans la période 1801/19 pendant laquelle il se consacre avec enthousiasme aux questions d'éducation. En 1810, il se rend à Yverdon afin d'étudier la pédagogie de Pestalozzi. Ce sera une authentique révélation. Il effectuera d'autres séjours, en 1811 et 1812, rédigeant des notes, entretenant une correspondance avec Pestalozzi à qui il confie trois de ses fils. La « science de l'éducation » lui apparaît comme une nécessité fondamentale, une urgence. C'est ainsi qu'il diffusera la pensée de Pestalozzi en France. Mais, fort tristement, les conflits de l'Institut d'Yverdon l'amèneront à rompre avec son créateur.

JACOB CHRISTOPH KACHEL (Grenzach, Baden, Canton d'Argovie, 9 décembre 1728 – Bâle [Basel], 24 mars 1795). Compositeur et violoniste suisse. Il a notamment mis en musique la poésie de Christian Fürchtegott Gellert (1715-1769).

NIKLAUS KÄSERMANN (Jegenstorf, Canton de Berne, 13 avril 1755 – Berne, 13 janvier 1806). Pédagogue et compositeur suisse. Il a été *Singmeister* et *Kantor* à Berne et a mis en musique, pour trois et quatre voix, les *Geistliche Oden und Lieder* de Gellert. En 1792, il publie, à Berne, sa *Kurze Anweisung zum Singen*.

JOHANN BERNHARDT [JEAN-BERNARD] KAUPERT (Kleinhereth, Franconie, 28 avril 1786 – Tolochenaz, Canton de Vaud, 10 mai 1863). Pédagogue et musicien allemand. Il fait des études de théologie à Iéna avant de s'établir, dès 1811, comme maître d'école à Nyon, puis à Morges. Il sera très sensiblement marqué par la pensée et l'œuvre de Pestalozzi. En 1830, il publie un *Chant national suisse* et, à partir de 1833, donne des cours de chant populaire à Morges, Genève et Lausanne, qui remporteront un indéniable succès. Grâce à Kaupert, le chœur retrouvera une place digne de ce nom en Suisse romande. En effet, pour ce qui concerne l'enseignement et la pratique de la musique, Kaupert a été l'héritier spirituel de Pestalozzi dans le Canton de Vaud.

SIR JAMES KAY-SHUTTLEWORTH (Rochdale, Lancashire, 20 juillet 1804-Londres, 26 mai 1877). Fonctionnaire et pédagogue anglais. Disciple du philosophe, économiste et juriste utilitariste Jeremy Bentham (1748-1832), il considérait que les désordres de la civilisation étaient le fait de l'ignorance populaire. En cela, il concluait que l'éducation constituait la seule arme contre cet état de fait. Sur le plan de la pédagogie musicale, il influencera et aidera John Pyke Hullah (1812-1884)* tout en étant plus réservé que William Channing Woodbridge (1794-1845)* à l'égard des principes pestalozziens ce après avoir visité plusieurs établissements en Suisse et dans les Allemagnes. En choisissant le modèle français, il a singulièrement manqué de perspicacité probablement en raison de sa tendance utilitariste.

PHILIPP CHRISTOPH KAYSER (Francfort-sur-le-Main, 10 mars 1755 – Zurich, 24 décembre 1823). Compositeur allemand. C'est marqué par l'esprit du *Sturm und Drang* qu'il suit, en 1775, Lavater* à Zurich. Il y professe le piano et la théorie musicale. Kayser était proche de Goethe chez lequel il a séjourné, à Weimar, en 1781. Il le suivra également à Rome en 1787. Deux ans plus tard, il rentrera à Zurich. Kayser a fait partie de la Société helvétique de musique. Sa partition pour l'*Egmont* de Goethe est malheureusement perdue.

JOHANNES KEHRLI (Brienz, Canton de Berne, 27 février 1774 – Brienz, 13 juillet 1854). Musicien et pédagogue suisse. Il exerce le métier d'instituteur dans sa ville natale à partir de 1804 tout en valorisant particulièrement le chant à l'école. Lors de la seconde fête d'Unspunnen, en 1808, il présente une chorale de jeunes filles.

KONRAD KOCHER (Ditzingen, Leonberg, Wurtemberg, 16 décembre 1786 – Stuttgart, 12 mars 1872). Organiste, pédagogue et compositeur allemand. Il a particulièrement valorisé le chant des chorals à quatre voix de l'*evangelische Kirche*. Dans ses mises en musique, il avait à cœur d'éviter les dissonances. Sa conception du *Kirchengesang* constituait, dans son esprit, un encouragement pour la pratique du chant à l'école. En 1828, il a publié, à Stuttgart, avec Silcher* et Johann Georg Frech (1790-1864)*, un important *Vierstimmiges Choralbuch für Orgel – und Clavierspieler, oder Melodien zu sämtlichen Liedern des öffentlichen Gesangbuchs der evangelischen Kirche in Württemberg.*

FRANZ NIKLAUS KÖNIG (Berne, 6 avril 1765 – Berne, 27 mars 1832). Peintre suisse. Ses eaux-fortes aquarellées de paysages et de scènes rustiques étaient fort appréciées. Ses séries de costumes l'ont rendu célèbre. König a fait partie du comité d'organisation des fêtes d'Unspunnen en 1805 et 1808.

HERMANN KRÜSI (Gais, Canton d'Argovie, 28 février 1775 – Gais, 25 juillet 1844). Pédagogue suisse. En 1793, il est nommé maître d'école dans son village natal. Sept ans plus tard, il fera la connaissance de Pestalozzi à Burgdorf [Berthoud]. Il suivra ce dernier à Münchenbuchsee puis à Yverdon. En 1816, il quitte Pestalozzi non sans l'avoir quelque peu trahi dans son choix en faveur de Niederer*. Deux ans plus tard, il ouvrira une école à Yverdon avant de reprendre, en 1822, la direction de l'École cantonale de Trogen, en Argovie. Krüsi a rédigé de nombreux ouvrages pédagogiques consacrés aux langues, aux mathématiques et à la religion, ainsi que des écrits autobiographiques où il relate ses expériences.

GOTTLIEB JAKOB KUHN (Berne, 16 octobre 1775 – Berthoud [Burgdorf], 23 juillet 1849). Poète, compositeur, pasteur, instituteur et folkloriste suisse. Traumatisé par les événements politiques de 1798, il décide de préserver la culture de son pays. Kuhn a mis en musique sa propre poésie dialectale. En 1805, il a été l'un des initiateurs de la première fête d'Unspunnen.

JOHANN CASPAR LAVATER (Zurich, 15 novembre 1741 – Zurich, 2 janvier 1801). Philosophe, théologien et poète suisse. Proche de Pestalozzi, il a été l'une des figures parmi les plus originales du XVIIIe siècle européen. Il a étudié la philosophie, la philologie et la théologie au *Collegium Carolinum* de Zurich, auprès de Johann Jacob Bodmer (1698-1783)* et Johann Jacob Breitinger (1701-1776)*. Il est l'auteur, en 1767, de *Schweizerlieder* fort appréciés. Schmidlin* les mettra en musique en 1769. Ce nouveau type de cantique célèbre les principaux événements de l'histoire de la Suisse. Esprit vif, sinon acéré, Lavater a polémiqué avec le philosophe juif Moses Mendelssohn (1729-1786), grand-père du compositeur. Ses recherches et travaux en physiognomonie, *destinés à faire connaître l'Homme et à le faire aimer*, ont obtenu un étonnant succès dans l'Europe entière. Les prédications de Lavater, célèbres, attiraient un public enthousiaste et de nombreux étrangers. Le 26 septembre 1799, il est grièvement blessé par un soldat français. Il ne s'en remettra pas et en mourra deux ans plus tard non sans avoir poursuivi avec courage son étonnant ministère.

FRIEDRICH WILHELM LINDNER (Weida, Thuringe, 12 décembre 1779 – Leipzig, 3 novembre 1864). Théologien et pédagogue allemand, adepte de Pestalozzi. Il a été professeur de philosophie, de pédagogie et de catéchétique à la Faculté de théologie de l'université de Leipzig. Lindner est l'auteur de plusieurs collections musicales : *Musikalischer Jugendfreund oder instructive Sammlung von Gesaengen fuer die Jugend gebildeter Staende* (1815) – *Musikalischer Jugendfreund oder instructive Sammlung von Gesängen für die Jugend gebildeter Stände ; sowohl für Schulen und Institute, als auch für den häuslichen Kreis geeignet* (1817) – *Musikalischer Jugendfreund oder instructive Sammlung von Gesängen für die Jugend gebildeter Stände ; sowohl für Schulen und Institute, als auch für den häuslichen Kreis geeignet* (1819) – et d'un traité, *Das Nothwendigste und Wissenswertheste aus dem Gesammtgebiete der Tonkunst* (1840). Johann Jakob Walder (1750-1817)* a été de ses élèves.

ANTON HEINRICH LISTE (Hildesheim, Basse-Saxe, 14 avril 1772 – Zurich, 31 juillet 1832). Compositeur allemand. Il fait ses études musicales, à Vienne, entre 1789 et 1792, auprès de Johann Georg Albrechtsberger (1739-1809). En 1804, il s'installe à Zurich où il est nommé directeur musical de la Société générale de musique, à l'instigation de Hans Georg Nägeli*. Il exerce, dans le même temps, les fonctions de chef d'orchestre, pianiste, professeur de piano et de chant. Dès 1806, il dirige avec son propre chœur mixte les oratorios de Händel et Haydn. Liste est l'auteur de *Lieder*, de partitions chorales et de Sonates pour piano.

DR JOSEPH MAINZER (Trier, 21 octobre 1801-Manchester, 10 novembre 1851). Compositeur, journaliste et pédagogue allemand. En 1826, il est ordonné prêtre. Après avoir fui son pays pour des raisons de politique sociale, il se trouve à Bruxelles, puis à Paris. En mai 1841, il est à Londres où il ouvre des classes libres de chant dont s'inspirera John Pyke Hullah*. Il publie alors *Singing for the Million*. Entre 1842 et 1847, Mainzer est actif à Édimbourg où il postule, en 1844, pour la *Reid Chair of Music*. Par la suite, il s'établira à Manchester. Mainzer est à l'origine du *Musical Times*.

MARTIN LUTHER (Eisleben, Saxe, 10 novembre 1483 – Eisleben, 18 février 1546). Réformateur allemand. En tant qu'éminent prédécesseur de Pestalozzi dans le domaine d'une profonde réflexion sur l'éducation et l'instruction – qu'il distingue et hiérarchise –, Luther est un digne héritier du courant médiéval de la *Devotio moderna*. L'Évangile doit guider la pensée pédagogique : « Aux magistrats de toutes les villes allemandes pour les inviter à ouvrir et à entretenir des écoles chrétiennes » (1524) – « Prédication sur le devoir d'envoyer les enfants à l'école » (1530).

FRIEDRICH HEINRICH ADOLF BERNHARD MARX (Halle, 15 mai 1795 – Berlin, 17 mai 1866). Théoricien de la musique, critique, compositeur et pédagogue allemand. Il entreprend des études juridiques à Halle tout en s'initiant à la composition musicale auprès de Daniel Gottlieb Türk (1750-1813). L'un de ses condisciples était alors Carl Loewe (1796-1869). En 1821, il s'installe à Berlin où, dès janvier 1824, Adolf Martin Schlesinger (1769-1838) le nomme éditeur de sa revue musicale *Berliner allgemeine musikalische Zeitung*. Les critiques intellectuelles de Marx sont appréciées par Beethoven. Elles lui ouvrent de nombreuses portes dont celles de Carl Friedrich Zelter (1758-1832)* avec lequel il étudie la composition avant de se brouiller définitivement. Marx devient également un intime de la famille de Felix Mendelssohn Bartholdy (1809-1847) qui sera grandement influencé par ses idées. Les deux hommes finiront, là encore, par se fâcher, Mendelssohn ayant refusé d'exécuter l'oratorio *Moses* (1841) de Marx à Leipzig. En 1830, ce dernier est nommé professeur de musique à l'université de Berlin, puis directeur de la musique, deux années plus tard. En 1850, il sera l'un des fondateurs de la *Berliner Musikschule* (ultérieurement *Stern'sches Konservatorium*). Son traité *Die Lehre von der musikalischen Komposition* (1837/47) est l'un des plus marquants et influents du XIX⁰ siècle. Il présente une nouvelle approche de la pédagogie musicale en incorporant de nouveaux concepts tels que la « forme sonate » qu'il applique précisément aux Sonates pour piano de Beethoven. C'est ainsi qu'il place toute sa confiance en la mélodie contrairement aux théories du XVIII⁰ siècle de nature strictement harmonique. En cela, il manifeste un esprit d'ouverture et incarne une étape évolutive essentielle quant au *Verstand* musical.

LOWELL MASON (Medfield, Massachusetts, 8 janvier 1792 – Orange, New Jersey, 11 août 1872). Éducateur musical, musicien d'église, compositeur et anthologiste américain. La pensée musicale de Pestalozzi lui a été transmise par le *Reverend* Woodbridge*. Mason s'en est inspiré tout en l'adaptant à son propre contexte, au sein de l'Église congrégationnaliste. Dès 1832, il enseigne dans des établissements privés avant de contribuer, l'année suivante, à la fondation de la Boston Academy of Music. En 1834, il s'occupe de la formation des pédagogues. Trois ans plus tard, Mason devient *superintendent of music* des écoles de Boston, les premières à introduire la discipline dans leur *curriculum*. En 1852, il est reçu à Londres telle une autorité reconnue dans le domaine de l'éducation musicale scolaire. Au sein de l'auditoire, se trouvait John Curwen (1816-1880)*, le seul alors à véritablement connaître les principes pestalozziens en matière de musique. Mason prononce des conférences à cette occasion, présente des démonstrations à la Model School fondée par Charles* et Elizabeth* Mayo à Gray's Inn Road. Il s'est fait connaître indirectement par son remarquable *tune* BETHANY associé à l'hymne *Nearer, my God, to thee* (1840) de Sarah Flower Adams (1805-1848), entonné lors du naufrage du *Titanic* en 1912.

CHARLES MAYO (1792-1846). Réformateur pédagogue et homme d'église anglais. Il étudie, notamment, à St John's College, Oxford. Entre 1817 et 1819, il est *headmaster* de la Bridgnorth Grammar School, puis *chaplain* à Yverdon dans l'Institut de Pestalozzi (1819/22). À son retour en Angleterre, il introduit la pensée pédagogique du Suisse dans ses écoles d'Epsom (1822) et de Cheam (1826). En 1828, il publie ses *Memoirs of Pestalozzi*.

ELIZABETH MAYO (1793-1865). Réformatrice pédagogique. Elle a essentiellement travaillé avec son frère Charles* à Epsom et Cheam. Son œuvre principale est le célèbre *Lessons on Objects* (1831).

FRANZ JOSEPH LEONTI MEYER VON SCHAUENSEE (Lucerne, 10 août 1720 – Lucerne, 2 janvier 1789). Compositeur suisse. Enfant, il prend des leçons de chant et d'orgue avant d'étudier la musique à Milan entre 1740 et 1742. Dès 1752, il occupe la tribune de la collégiale Saint-Léger à Lucerne, jusqu'en 1768. Puis, il est ordonné prêtre et devient chanoine en 1765. Entre-temps, en 1760, il fondait un collège musical public. Huit ans plus tard, il donnait corps à l'Helvetische Konkordiagesellschaft, qu'il présidera jusqu'en 1783. Il est l'auteur d'œuvres religieuses et séculières.

NIKLAUS FRIEDRICH VON MÜLINEN (Berne, 1er mars 1760 – Berne, 15 janvier 1833). Historien suisse. Il a fondé « sa vision sur le refus absolu de la Révolution et sur l'idée d'une évolution organique du droit. » En 1805 et 1808, il a mis en scène les fêtes d'Unspunnen en tant que manifestations de l'identité nationale suisse.

HANS GEORG NÄGELI (Presbytère de Wetzikon, Zurich, 26 mai 1773 – Zurich, 26 décembre 1836). Compositeur, poète, théoricien, pédagogue, hymnologue, chef de chœur et éditeur suisse. Quatrième fils de la famille, il a reçu sa première éducation musicale de son père, le pasteur Hans Jakob Nägeli. Ce dernier avait succédé à Johannes Schmidlin (1722-1772)* dont il avait également pris en charge le *Collegium musicum* de Wetzikon. La pensée musicale de Schmidlin, transmise par son père, fécondera celle de Hans Georg. En 1781, âgé de seulement huit ans, ce dernier maîtrisait un répertoire pianistique complexe. Deux ans plus tard, il commencera à diriger le *Collegium musicum*. Puis, il décidera de se consacrer entièrement à la musique, étudiera alors auprès du pianiste allemand Johann David Brünings à Zurich qui l'initiera à l'œuvre de Johann Sebastian Bach alors particulièrement négligée. En 1791, Nägeli crée une librairie musicale et une bibliothèque de prêt, la première de ce genre en Suisse. Elle sera élargie en maison d'édition dès 1794. Entre 1803 et 1804, il publie le *Repertoire des Clavecinistes* dans lequel se trouve notamment Beethoven, son aîné de trois ans. Il entretiendra avec lui de fortes et complexes relations, avec des hauts et des bas. Ainsi, en 1803, publie-t-il la Sonate pour piano, opus 31. Au printemps 1805, Nägeli fonde le chœur mixte de l'Institut de chant zurichois *(Zürcherische Singinstitut)*. L'expérience durera jusqu'en 1824. À la suite de difficultés financières dues aux événements politiques (guerres napoléoniennes), il sera contraint de céder, en 1807, une partie de sa maison d'édition au pasteur Jakob Christoph Hug (1776-1855). La firme prendra, jusqu'en 1818, le nom de Hans Georg Nägeli & Co. En tant qu'éditeur, Nägeli avait réalisé un remarquable travail, plus spécialement pour ce qui concernait la musique de Bach. Il avait négocié la cession de manuscrits avec l'historien de la musique Johann Nikolaus Forkel (1749-1818) et l'organiste Johann Christian Heinrich Rinck (1770-1846). Sa rencontre avec Pestalozzi et Michael Traugott Pfeiffer (1771-1849)* sera décisive en matière de réflexion sur l'enseignement de la musique au peuple, dans une perspective qu'il considérait comme essentiellement « démocratique ». En 1810, il fonde un chœur d'hommes *(Männerchor)* issu de l'Institut de 1805. Dès 1818, il organise sa nouvelle maison d'édition. Les années 1820/24 seront consacrées à des voyages au cours desquels il prononcera ses fameuses conférences *(Vorlesungen)*. Elles susciteront de l'intérêt et des discussions tant ses propos ont parfois déconcerté d'aucuns. Ainsi lorsqu'il critiquait la pensée musicale mozartienne. De retour à Zurich en 1824, il constate avec dépit que son *Singinstitut* de 1805 s'est fortement dégradé pendant son absence. Il prend alors la décision de créer, à sa place, deux ans plus tard, le *Sängerverein*, avant son *Musikalischer Frauenverein*, en 1828. Dans le même temps, il se consacrait à son remarquable *Gesangbuch*, entièrement nouveau. Les mélodies et les mises en musique étaient de lui ainsi que quelques textes de *Kirchenlieder*. De son vivant, Nägeli a été écouté avec attention. Son influence a été prépondérante dans le domaine scolaire d'où sa nomination, en 1831, en tant que conseiller en éducation pour la ville de Zurich. Deux ans plus tard, il recevra le titre de Docteur *honoris causa* de l'université de Bonn. Sa conception musicale se voulait simple car son principal motif, à l'instar de Pestalozzi, était d'«éduquer le peuple». Sur un plan scientifique, il s'est intéressé à des thèmes tels que le *Dilettantismus*, la *Kritik*, les *Kunsterziehung*, *Kunstleben*, la *Theorie der Instrumentalmusik* et celle de la *Vokalmusik*. En définitive, Nägeli se caractérise par son humanisme chrétien, philanthrope, idéaliste, autant que par ses convictions patriotiques. Il n'a eu de cesse, sa vie durant, d'associer étroitement la pédagogie de la musique à la philosophie, à l'esthétique, à la religion et à l'humanisme. C'est probablement pour cela que la postérité, en reconnaissant ses mérites, l'a qualifé de *Sängervater*.

BERNHARD CHRISTOPH LUDWIG NATORP (Werden Ruhr, 12 novembre 1774 – Münster, Westphalie, 8 février 1846). Théologien allemand. Il est issu d'une ancienne famille de théologiens et de juristes. Dès 1792, il étudie à Halle, stimulé par l'esprit piétiste de la fondation d'August Hermann Francke (1663-1727). En 1798, il sera appelé par la communauté luthérienne de Essen où il exercera son ministère avec enthousiasme. Toute sa pensée respire celle de Pestalozzi dont il est un fervent adepte aussi bien dans la réforme scolaire que dans celle du *Kirchengesang*. Natorp était également proche des conceptions de Nägeli* nonobstant leur différence en matière d'apprentissage mélodique et de chant populaire.

JOHANNES NIEDERER (Lutzenberg, Canton d'Appenzell, 1er janvier 1779 – Genève, 2 décembre 1843). Théologien et pédagogue suisse. En 1803, il rejoint Pestalozzi après des études de théologie et un ministère. Les deux hommes se connaissaient déjà à travers une importante correspondance et quelques rencontres. Le brillant Niederer s'est voulu, en quelque sorte, le théoricien de la pensée intuitive de Pestalozzi avant de le trahir non sans violence intellectuelle en 1817. Il n'aura dès lors de cesse de mener un procès, des années durant, à son endroit et celui de Joseph Schmid (1785-1851)*.

MICHAEL TRAUGOTT PFEIFFER (Wilfershausen, Bavière, 5 novembre 1771 – Wettingen, Canton d'Argovie, 20 mai 1849). Pédagogue de la musique, instituteur, poète, journaliste, musicien et philologue allemand. Fils d'un *Kantor*, il étudie le violon puis s'installe à Soleure dès 1792. Il y sera membre de l'administration cantonale entre 1800 et 1803. La pensée et l'œuvre de Pestalozzi, dont il prend connaissance dès 1801, vont féconder sa réflexion dans le domaine musical. Il visite le pédagogue à Burgdorf [Berthoud] en 1803. L'année suivante, il fondera une école privée à Soleure, puis, en 1805, une société de chant et un internat à Lenzburg, dans le Canton d'Argovie. Pendant dix années (1822/32), il enseignera les langues anciennes à l'École cantonale et la musique à l'École normale d'Aarau. De 1836 à 1846, il se consacrera à la pédagogie de l'orgue à l'École normale de Lenzburg. Sa collaboration avec Nägeli*, fructueuse, s'est notamment cristallisée dans les ouvrages théoriques pestalozziens tels que *Gesangsbildungslehre nach Pestalozzischen Grundsätzen* (1810), une *Gesangsbildungslehre für den Männerchor* (1817), une *Chorgesangschule* (1821) et un *Allgemeines Gesellschaftsliederbuch* (1823). L'objectif essentiel des deux hommes était l'ennoblissement du chant populaire pour l'édification du peuple, à l'École et à la Maison.

BERNARR JOSEPH GEORGE RAINBOW (Battersea, Londres, 2 octobre 1914 – Esher, Surrey, 17 mars 1998). Hymnologue et historien de la pédagogie musicale anglais. Pendant ses études à Rutlish School, Merton, il occupe plusieurs postes de *church organist*. Après sa démobilisation de la Seconde Guerre mondiale, il est nommé organiste et *Choirmaster* de All Saints Parish Church, High Wycombe et *Head of Music* de la Royal Grammar School. Dès 1952, il exerce la haute fonction de *Director of Music* au College of St Mark and St John, Chelsea. Entre 1973 et 1979, il est *Head of the School of Music*, de la Kingston Polytechnic et fonde, en 1978, le fameux Curwen Institute. Rainbow est reconnu comme une autorité dans le domaine de l'histoire de l'éducation musicale.

CONSTANTIN REINDL (Jettenhofen, Haut-Palatinat, 29 juin 1738 – Lucerne, 25 mars 1799). Compositeur allemand. Jésuite à Landsberg en 1756, il a étudié la philosophie et la théologie à Ingolstadt et à Fribourg-en-Brisgau. En 1762, il est nommé Préfet de musique à Dillingen puis, de 1763 à 1765, exerce comme directeur musical à Lucerne. À partir de 1770, il est Maître au collège de Fribourg-en-Brisgau, maître et préfet de musique au Collège jésuite Saint-Xavier à Lucerne, de 1771 à 1790. Dans l'intervalle, en 1776, il était choisi en tant que directeur musical de la Helvetische Konkordiagesellschaft. Son œuvre est considérée comme importante en ce qui concerne l'histoire de la musique en Suisse alémanique au XVIIIe siècle.

JOHANN FRIEDRICH ROCHLITZ (Leipzig, 12 février 1769 – Leipzig, 16 décembre 1842). Critique, écrivain, librettiste et éditeur allemand. Il a étudié la composition et le contrepoint à la *Thomasschule* de Leipzig sous la direction du *Kantor* Johann Friedrich Doles (1715-1797), puis la théologie et la philosophie à l'université avant d'occuper un poste de *Hauslehrer*. En 1798, il est sollicité par Breitkopf & Härtel pour assurer la rédaction de la fameuse et remarquable *Allgemeine Musikalische Zeitung*, ce qu'il fera jusqu'en 1818. Rochlitz a été proche de Louis Spohr (1784-1859) et de Carl Maria von Weber (1786-1826).

JEAN-JACQUES ROUSSEAU (Genève, 28 juin 1712 – Ermenonville, 2 juillet 1778). Écrivain, théoricien et compositeur suisse. Dès son enfance, il a manifesté un intérêt certain pour la musique pour laquelle, parvenu à l'âge adulte, il a exprimé des considérations de nature à susciter la polémique parmi ses contemporains. En 1742, il présente, sans succès, à l'Académie des Sciences de Paris un nouveau système de notation musicale où les notes sont remplacées par des chiffres correspondant aux intervalles. Cette méthode connaîtra encore au XIXe siècle une appréciable postérité. En 1743, il publie la *Dissertation sur la musique moderne* en guise de réponse au rejet de l'Académie. En 1749, Rousseau rédige quelques articles sur la musique à la demande de Diderot (1713-1784). Ces entrées seront reprises et approfondies dans son *Dictionnaire de la musique* (1767).

JOSEPH SCHMID (Au, Vorarlberg, Tyrol, 25 décembre 1785 – Paris, 14 février 1851). Pédagogue autrichien. Disciple et collaborateur de Pestalozzi à Burgdorf [Berthoud] et à Yverdon. Il a été maître de mathématiques. En raison des tensions croissantes, il quittera l'Institut d'Yverdon en 1810 où il reviendra cinq ans plus tard avec le désir de le réorganiser. Les tragiques désaccords vont malheureusement s'accentuer jusqu'à le priver de son titre de séjour en 1824. Johannes Niederer* a été son adversaire le plus acharné.

JOHANNES SCHMIDLIN (Zurich, 22 mai 1722 – Wetzikon, Zurich, 5 novembre 1772). Pasteur et compositeur suisse. Il a étudié la théologie protestante au *Collegium Carolinum* de Zurich. Dès 1734, il devient membre du *Musikkollegium beim Fraumünster*. En 1743, à la suite de son ordination, Schmidlin est nommé *Vikar* à Dietlikon, dans le Canton de Zurich. Il y conçoit, en 1752, son *corpus* à la tonalité piétiste, destiné aux collèges et à la dévotion privée : *Singendes und spielendes Vergnügen reiner Andacht... zur Erweckung des inneren Christentums eingerichtet* («Récréation chantée et jouée pour une pure méditation... conforme au réveil du christianisme intérieur»). Sa source d'inspiration est le *Musicalisches Hallelujah* de Bachhofen (1695-1755)*. Schmidlin y mettait en musique, entre autres, des textes d'Albrecht von Haller (1708-1777). Le succès sera considérable. En 1754, il prend en charge la paroisse de Wetzikon-Seegräben, près d'Uster. Il l'assumera jusqu'à sa mort en 1772. L'année suivante, il fonde une société chorale de deux cents membres dont l'objectif est de valoriser, essentiellement, le chant des Psaumes.

FRANZ XAVER JOSEPH PETER SCHNYDER VON WARTENSEE (Lucerne, 15 avril 1786 – Francfort-sur-le-Main, 27 août 1868). Compositeur suisse. Issu d'une famille patricienne lucernoise, il étudie le violon dès neuf ans, puis le piano à seize ans. Il fréquente le Gymnase de Lucerne entre 1799 et 1805. Son père, Jost (1752-1824) un homme politique, souhaitait qu'il suive la même carrière. Il exige qu'il entre dans l'administration du Gouvernement de Lucerne. Mais, Xaver tombe bien vite malade. Pour se remettre, il apprend lui-même à jouer de la contrebasse, du violoncelle, de la clarinette, de l'alto et des timbales ce qui lui permettra de participer, dès le 28 juin 1808, aux premières fêtes de la Société helvétique de musique *(Schweizerische Musikgesellschaft)* en tant que violoncelliste. L'année suivante, il se produit comme altiste, à Zurich, sous la direction de Nägeli*. Au troisième festival de la Société, en 1810, à Lucerne, il joue des timbales tout en participant à l'organisation de l'événement. Dans le même cadre, en 1811 à Schaffhouse, grâce à Nägeli, on entendra pour la première fois l'une de ses œuvres, un quatuor vocal intitulé *Das Grab*, reçu avec succès et remarqué par Carl Maria von Weber. Entretemps, de la fin 1810 au début 1811, il avait suivi les cours de composition de Nägeli et de théorie de la musique de Joseph Gersbach* à Zurich où il s'était installé. Schnyder y rencontrera les musiciens Philipp Christoph Kayser (1755-1823)* et Anton Heinrich Liste (1772-1832)*. Il se trouvera à Vienne, dès 1811, avec l'intention de travailler la composition auprès de Beethoven. Ce dernier ne se chargera point de son éducation mais acceptera d'examiner ses partitions. Schnyder étudiera donc l'harmonie et le contrepoint chez Johann Christoph Kienlen (1783-1829), un élève de Cherubini, et prendra une part active à la vie musicale viennoise avant de s'établir à Baden, non loin de Vienne. Mais, le 26 juillet 1812, un incendie de la ville détruit sa maison et tous ses biens. Il décide de rentrer en Suisse où il vivra pendant deux années à Lucerne se consacrant essentiellement à la musique, à la poésie, aux sciences et à la littérature. Il hérite ensuite du château de Wartensee, dans le Canton de Lucerne près de Sempach, où finalement il ne résidera pas mais sera obligé de le louer eu égard aux dettes considérables contractées par son père. Schnyder épouse Karoline von Hertenstein († 1827) en 1814. Deux ans plus tard, il fait la connaissance de Louis Spohr (1784-1859) à Fribourg et se rend à Yverdon afin d'accompagner un jeune Lucernois chez Pestalozzi. Enthousiasmé par tout ce qu'il y découvre, il y restera pour enseigner la musique jusqu'à l'été 1817, année de son départ pour Francfort à cause des tensions qui régnaient alors dans l'Institut de Pestalozzi. Il y donnera des leçons tout en se consacrant à la composition. Puis, il s'initie au *Glasharmonika* et donne des récitals avec cet instrument ainsi que sur le piano. En 1828, il fonde le Frankfurt Liederkranz qui est pour lui un moyen de diffuser les idées de Nägeli sur le chant choral avec l'aide de Louis Spohr. C'est également dans cet esprit que, en 1831, il mettra son château à la disposition du pédagogue Friedrich Wilhelm August Fröbel (1782-1852)* pour la fondation d'un Institut d'éducation. Après être revenu à Lucerne pour un temps, il finira ses jours à Francfort où il a également contribué à la fondation du Conservatoire avec Wilhelm Speyer (1790-1878). Son oratorio *Zeit und Ewigkeit* y a été donné en 1838. Neuf ans plus tard, il donnera vie à la Schnyder von Wartensee Stiftung destinée à encourager diverses disciplines scientifiques et artistiques tout en aidant à la réalisation de diverses publications. La même année, il épouse en secondes noces, Josephine Jahn, de St Gall. Son autobiographie, *Lebenserinnerungen*, rédigée à la fin de sa vie, sera publiée, *post mortem*, à Zurich, en 1887. Son œuvre comprend, notamment, de la musique de scène, cinq symphonies, des *Lieder*, de la musique chorale et de chambre. Parmi ses élèves, nous trouvons notamment le pianiste et compositeur allemand Jacob Rosenhain (1813-1894), l'Anglais John Barnett (1802-1890) et l'Allemand Benedict Widmann (1820-1910).

ARTHUR SCHOPENHAUER (Danzig [auj. Gdańsk, Pologne], 22 février 1788 – Francfort, 21 septembre 1860). Philosophe allemand. Dans son œuvre magistrale, *Die Welt als Wille und Vorstellung* (1819), il consacre de nombreuses pages à la musique. La vision de Jacob Böhme (1575-1624)* a fécondé sa pensée.

PHILIPP FRIEDRICH SILCHER (Schnait im Remstal, Wurtemberg, 27 juin 1789 – Tübingen, 26 août 1860). Compositeur et pédagogue allemand. Son père décède alors qu'il est âgé de cinq ans. Il lui avait transmis le goût de la musique. Silcher commence son apprentissage artistique, dès 1803, à Geradstetten, auprès de l'instituteur Georg Michael Mayerlin. La communauté de cette ville est, à ce moment-là, reconnue pour la qualité de son chant d'assemblée. En 1806, il revient à Schnait im Remstal pour y exercer la fonction de proviseur. Dans le même temps, il s'initie à la pratique de l'orgue puis, étudie, à Fellbach, sous la direction de l'organiste Nikolaus Ferdinand Auberlen (1755-1828). Entre 1807 et 1809, le jeune musicien est nommé proviseur et précepteur de la famille Berlichingen, à Schorndorf. En 1809, il est maître à l'école de jeunes filles de Ludwigsburg. Il rencontre alors Carl Maria von Weber (1786-1826) et fréquente le pasteur et théologien Jonathan Friedrich Bahnmeier (1774-1841)*, féru de musique. Ce dernier lui fait découvrir la pensée et l'œuvre de Pestalozzi. À partir de 1815, Silcher se consacre essentiellement à la composition musicale. Il est d'abord maître de musique à Stuttgart tout en suivant l'enseignement de Konradin Kreutzer (1780-1849), un ami du poète Ludwig Uhland (1787-1862). Il travaille également auprès de Johann Nepomuk Hummel (1778-1837). Grâce à l'appui de Bahnmeier, devenu entre-temps professeur de théologie à Tübingen, Silcher est désigné, en 1817, pour occuper la charge de directeur de la musique à l'université de cette ville. Il est aussi maître de musique à la fondation évangélique. Eduard Mörike (1804-1875) a été l'un de ses élèves. Silcher développe une pédagogie fondée, notamment, sur des exercices vocaux à plusieurs voix, reliés à la prédication. De la sorte, il contribue à l'enrichissement de la musique d'Église qui était tombée en désuétude. Son objectif est justement d'introduire un chant d'assemblée à quatre voix « en vue du relèvement de la liturgie » *(Zur Hebung des Liturgischen)*. Il privilégie, ainsi, le lien indéfectible entre le *Singen* (« Chanter ») et le *Sagen* (« Dire ») luthériens. Dans la foulée, Silcher crée un nouveau répertoire, publié en 1819 et 1824, sous la forme de deux cahiers de chorals à trois voix : deux voix de soprani pour les élèves, une voix de basse pour le maître *(Für Schulen, Kirchen und Familien bearbeitet)*. Konrad Kocher (1786-1872)* et Johann Georg Frech (1790-1864)* le sollicitent, ensuite, pour collaborer à l'édition d'un nouveau *Choralbuch* à quatre voix (1825/28). En 1829, Silcher fonde un chœur d'hommes nommé *Akademische Liedertafel* et, dix ans plus tard, il créera un chœur mixte d'oratorio. En 1841, Frech,

Kocher et Silcher collaborent, une fois de plus, à la publication d'un nouveau recueil de cantiques pour le Wurtemberg. Dans les dernières années marquées par la maladie, Silcher est honoré, à plusieurs reprises, par des distinctions : docteur *honoris causa* de l'université de Tübingen et Croix des Chevaliers de l'Ordre de la paix en reconnaissance de son activité, vouée à la formation musicale du peuple. Silcher considérait son aîné Nägeli* comme un « héros et un chevalier du chant » dont il était le « châtelain ». Le fondement, pour la pratique du chant en commun, se trouve, selon lui, dans le *Volkslied*. En cela, il est aussi très proche de la démarche contemporaine des frères Jacob (1785-1863) et Wilhelm Grimm (1786-1859). Son approche est également analogue à celle de Johann Gotffried Herder (1744-1803). Elle se réfère essentiellement à la notion « d'esprit du peuple ».

ANDREAS SPAETH (Rossach, Cobourg, 9 octobre 1792 – Gotha, 26 avril 1876). Musicien et compositeur allemand. Il est appelé, en 1821, comme organiste, chef d'orchestre et de chœur et professeur de musique à Morges, dans le Canton de Vaud, où il restera jusqu'en 1833. Puis, Spaeth s'installera à Neuchâtel avant de quitter la Suisse en 1838.

JOHANN LUDWIG STEINER (Zurich, 1er juillet 1688 – Zurich, 27 mars 1761). Trompettiste, pédagogue et compositeur suisse. Esprit original et curieux, il a passé toute sa vie dans sa ville natale en exerçant plusieurs fonctions dont celles de trompettiste municipal et de *Feuerwächter* à l'Église St. Peter. Son intérêt pour le domaine scientifique lui a valu la considération de ses concitoyens. Il poursuivait, ce faisant, une tradition familiale. Stainer a été l'élève, durant une année, de l'organiste L. Kellersberger à Baden, dans le Canton d'Argovie. Ses talents, multiples, se manifesteront dans ses activités de bibliothécaire, de comptable et de membre de l'*Ab dem Musik-Saal* et de la « Société de Physique ». Pour se détendre, il concevait des jouets mécaniques. En 1723 et 1735, il publie son *Neues Gesang-Buch*, le premier *corpus* conçu, en Suisse, par un seul compositeur. Sa musique revêt un caractère piétiste. Ses idées théoriques sur le langage musical ont été exposées dans de nombreuses préfaces dont celle qui introduit, en 1728, son *Kurz-leicht-und grundtliches Noten-Büchlein*. Steiner est à l'origine d'un processus qui sera porté à son apogée, au début du siècle suivant, par Pestalozzi et Nägeli*. Il a non seulement été un praticien mais aussi le premier compositeur suisse réformé digne de ce nom.

DAVID FRIEDRICH STRAUß (Ludwigsburg, Stuttgart, 27 janvier 1808 – Darmstadt, 8 février 1874). Théologien et écrivain allemand. Il a scandalisé l'Europe chrétienne en présentant l'image d'un Jésus mythique et non dogmatique. Son œuvre est associée à l'« École de Tübingen » qui a remis en question les études concernant le Nouveau Testament et le Christianisme primitif. Son œuvre, *Das Leben Jesu*, sera traduite en anglais par George Eliot (1819-1880) et publiée à Londres en 1846.

JAKOB STUTZ (Isikon, 27 novembre 1801 – Bettswil, 14 mai 1877). Instituteur suisse. Élève du pasteur Salomon Tobler (1794-1875), il fréquente également les milieux piétistes. En 1818, il compose ses premières ballades populaires. Dès 1827, il est maître à l'asile des aveugles et sourds-muets de Zurich. Neuf ans plus tard, il dirigera une école privée à Schwellbrunn, le plus haut village d'Appenzell. Toutefois, malgré son talent d'auteur dramatique et ses qualités de pédagogue, il sera licencié à cause de ses penchants pédophiles. En 1842, il s'installe dans un ermitage à Sternenberg, dans le Canton de Zurich. Jakob Senn (1824-1879) et le futur archéologue Jakob Messikommer (1828-1917) se rapprochent de lui. Il fonde une bibliothèque et une caisse d'épargne. Une fois de plus, Stutz est accusé d'homosexualité, puis banni en 1856. Il vivra alors comme précepteur et en mettant en scène des pièces de théâtre villageoises jusqu'à ce que sa nièce Margaretha Walder l'accueille à Bettswil (ZH) en 1867. À l'instar de l'Anglais George Crabbe (1754-1832), proche des préoccupations populaires, Stutz a montré les côtés sombres de la vie campagnarde, tout en recourant au dialecte de l'époque, et en contestant la vision idyllique.

JOHANN GEORG SULZER (Winterthur, Suisse, 16 octobre 1720 – Berlin, 27 février 1779). Philosophe, esthéticien et lexicographe suisse. Tout d'abord destiné au clergé, il s'oriente rapidement vers la philosophie et l'histoire naturelle sous l'influence du chanoine naturaliste Johannes Gessner (1709-1790). Il devient instituteur puis vicaire d'un curé de campagne pendant quelques années, « partageant son temps entre l'étude, la contemplation de la nature et les agréments de la société ». Sa carrière d'écrivain commence en 1741 dans un périodique de Zurich. L'ensemble de ses publications zurichoises sera rassemblé et publié à Berlin sous le titre : « Essais de physique appliquée à la morale ». En 1744, Sulzer est précepteur chez un négociant de Magdeburg. Trois ans plus tard, il obtient une chaire de mathématiques au Collège Joachim de Berlin. L'Académie des sciences l'agrège à la classe de philosophie spéculative en 1750 ; il oriente alors ses travaux vers la psychologie et publie deux volumes de « Mémoires ». Profondément bouleversé par la mort de sa femme en 1760, il rentre pour trois années en Suisse. C'est là qu'il élabore sa « Théorie universelle des beaux-arts » (*Allgemeine Theorie der Schönen Künste* – 1771/74). Sulzer serait prêt à abandonner définitivement Berlin, mais Frédéric II de Prusse (1712-1786) le retient et le nomme d'office professeur de philosophie à l'Académie des Nobles. Il se rend cependant en Italie, en 1776, puis revient à Berlin, où il mourra. L'influence de Sulzer sera grande sur toute la pensée allemande préromantique. Il est, en cela, proche de Kant (1724-1804) par la place qu'il accorde au sentiment et au caractère universel de la Beauté. C'est d'Angleterre, avec le primat de David Hume (1711-1776) de l'imagination sur la raison, et d'Allemagne, avec la théorie du *Gefühl* que développent Sulzer – dans son « Origine des sentiments agréables ou désagréables » (1751) –, et l'archéologue Johann Joachim Winckelmann (1717-1768) dans son « Histoire de l'art dans l'Antiquité » (1764) –, que vient le recul de la raison. Désormais, l'expérience individuelle compte plus, dans le jugement du goût, que l'universalité rationnelle ; ainsi l'on se prépare à admettre l'« esthétique » romantique de l'intériorité, des états d'âme et des chocs qualitatifs que le sujet fait subir à l'art. D'où la nécessité d'une relation équilibrée entre objectivité et subjectivité.

REVEREND JOHN HENRY SYNGE (Dublin, 1788-1845). Pédagogue irlandais. Il fait ses études Trinity College, Dublin, en 1805, puis à Magdalen College, Oxford. Il rend visite à Pestalozzi, en 1814, à Yverdon. Sa vie sera alors transformée. En effet, il y passera trois mois alors que, initialement, il ne pensait y rester que quelques heures. À son retour en Irlande, en 1815, il diffusera la pensée de Pestalozzi dont il traduira les œuvres en anglais. Il publiera aussitôt, à Dublin, *A Biographical Sketch of the Struggles of Pestalozzi to establish his system, Compiled and Translated Chiefly from his own Works, by an Irish Traveller*. Puis, il fondera une école à Glanmore, County Wicklow, la première dans les Îles britanniques. Il est le grand-père du dramaturge Edmund John Millington Synge (1871-1909).

DR EDWARD TAYLOR (Norwich, 22 janvier 1784-Brentwood, 12 mars 1863). Chanteur (basse) et écrivain sur la musique anglais. Ami de Louis Spohr (1784-1859) dont il a adapté et traduit l'oratorio *Die letzten Dinge* (1826). Il est né au sein d'une éminente famille d'Unitariens. En 1824, il joue un rôle essentiel dans la fondation du Norwich Triennial Festival. Par la suite, il sera critique du *Spectator*. Taylor est nommé *Gresham Professor* en 1837. En 1846, il publie avec l'organiste James Turle (1802-1882)* le célèbre *Singing Book : the Art of Singing at Sight*.

ANTON FRIEDRICH JUSTUS THIBAUT (Hameln, 4 janvier 1772 – Heidelberg, 28 mars 1840). Juriste et musicien amateur allemand. Dès 1792, il étudie le droit à l'université de Göttingen où il a l'occasion d'assister à une conférence du musicologue Johann Nikolaus Forkel (1749-1818). L'année suivante, il se rend à Königsberg où il entend Kant. Ultérieurement, il sera appelé à Iéna où il aura l'occasion de connaître Schiller. Dans le même temps, il s'intéresse à la musique sacrée vocale et au chant populaire. La collection qu'il constituera appellera l'attention de Carl Friedrich Zelter (1758-1832)* et du musicologue Raphael Georg Kiesewetter (1773-1850). Dès 1805, Thibaut professe à Heidelberg. En 1811, il prend la direction d'un chœur formé d'amateurs avec lequel il donne quatre concerts annuels d'œuvres des XVIe au XVIIe siècles. Il publie, en 1825, son essai *Über Reinheit der Tonkunst*, travail qui sera vivement critiqué par Nägeli*, probablement en raison de son caractère cécilien. Il y exprimait des idées proches de celles d'Ernst Theodor Amadeus Hoffmann (1776-1822) et de Johann Friedrich Reichardt (1752-1814)* par sa valorisation des musiques de Palestrina et de Händel.

JOHANNES THOMMEN (Bâle [Basel], 6 janvier 1711 – début février 1783). Musicien suisse, originellement tailleur et drapier. En 1738, il est nommé *Kantor* de St Peter à Bâle où sa pratique du *Kirchengesang* était originale. Son fameux *musikalisches ABC* paraît en 1744. L'année suivante, il publiera, dans sa ville natale, en continuité d'esprit, le recueil piétiste *Erbaulicher musikalischer Christenschatz* qui comprend cinq cents cantiques pourvus de deux cent soixante-quinze mélodies.

JOHANN GEORG GUSTAV TOBLER (Trogen, Canton d'Argovie, 17 décembre 1769 – Nyon, Canton de Vaud, 10 août 1843). Pédagogue suisse. Demi-frère de Johann Heinrich*. Il rencontre Pestalozzi à Burgdorf [Berthoud] en 1800 et travaillera auprès de ce dernier jusqu'en 1808 à Münchenbuchsee puis à Yverdon, invité par Johannes Niederer (1779-1843)*.

JOHANN HEINRICH TOBLER (Trogen, Canton d'Appenzell, Rhodes-Extérieures, 14 janvier 1777 – Speicher, Wolfhalden, Canton d'Appenzell, Rhodes-Extérieures, 16 février 1838). Musicien suisse. Demi-frère de Johann Georg Gustav*, Johann Heinrich, outre ses nombreuses et variées activités, est essentiellement connu comme compositeur, éditeur de recueils de chants, journaliste et poète. Il a composé, en autodidacte, de nombreuses chansons populaires. En 1807, il publie, à compte d'auteur, ses *Lieder im gesellschaftlichen Kreise zu singen*. Son *Ode an Gott* (1825), sur un poème de Karoline Rudolphi (1753-1811), deviendra en 1877 le chant officiel de la *Landsgemeinde* des Rhodes-Extérieures. Entre 1803 et 1825, il a dirigé la Société de musique de Speicher. Il a également été membre de la Société de chant saint-galloise *zum Antlitz*, dès 1819, et a compté parmi les fondateurs de la Société des chanteurs appenzellois, en 1824, et de la Société appenzelloise d'utilité publique, à partir de 1832. Il fait encore éditer, en 1835, ses *Landsgemeinde-Lieder*, puis, ses *Zwölf Lieder für vier Männerstimmen, von Schweizerischen Dichtern*, en 1837. Après 1840, ses compositions de caractère moralisateur perdront de leur popularité. Elles ne correspondaient plus au nouvel esprit du chant choral.

JAMES TURLE (Taunton, Somerset, 5 mars 1802-Londres, 28 juin 1882). Organiste et compositeur anglais. Entre juillet 1810 et décembre 1813, il est *chorister* à Wells Cathedral sous la direction de l'organiste Dodd Perkins (*ca* 1750-1820). Dès l'âge de onze ans, il s'établit à Londres où il devient l'élève apprenti de John Jeremiah Goss (1770-1817). En réalité, James a été, pour une large part, un autodidacte. Il était doté d'une excellente voix et chantait fréquemment en public. Sir John Goss (1800-1880), le neveu de son maître, était son condisciple. Turle est d'abord organiste de Christ Church, Southwark, entre 1819 et 1829, puis de St James's, Bermondsey, de 1829 à 1831. Simultanément, il enseigne à la School for the Indigent Blind entre 1829 et 1856. En 1817, il entre à Westminster Abbey où il est l'élève puis l'assistant de George Ebenezer Williams (1783-1819). Puis il est nommé adjoint *(deputy)* de Thomas Greatorex (1758-1831). À la mort de ce dernier, survenue le 18 juillet 1831, Turle est organiste et *master of the choristers*, un poste qu'il conservera pour une période de cinquante et une années. Il participera, aussi, à de nombreux festivals tels que ceux de

Birmingham et Norwich, sous la conduite de Mendelssohn et de Spohr. Toutefois, son centre vital sera toujours Westminster Abbey. En 1834, il joue pour le Handel Festival appelant spécialement l'attention sur sa prestation. C'est sur sa propre requête que le Doyen et le Chapitre le relèveront de ses fonctions le 26 septembre 1875, lorsque Sir John Frederick Bridge (1844-1924) sera nommé *deputy organist*. J. Turle a essentiellement composé des *anthems*, des *hymn tunes*, des *psalm chants* et quelques *glees*. Dans le domaine de la pédagogie, il a produit, avec le Dr Edward Taylor (1784-1863)*, le *Singing Book : the Art of Singing at Sight* (1846).

JOHN TURNER (actif entre 1833 et 1856). Organiste et pédagogue anglais. Sa biographie ne nous est pratiquement pas ou peu connue. Il s'est essentiellement consacré à réformer la pratique de la psalmodie. Turner a enseigné la musique au Westminster Day Training College for Teachers. Il était également organiste et *choirmaster* à St Stephen's Church et St John's Wood. Son *Manual of Instruction in Vocal Music* a été publié en 1833 et 1835. En 1844, il éditait un *Class Singing Book for Schools*.

JOHANN JAKOB WALDER (Wetzikon, Zurich, 11 janvier 1750 – Zurich, 18 mars 1817). Compositeur suisse. Il a été l'élève de Johannes Schmidlin (1722-1772)*, de Friedrich Wilhelm Lindner (1779-1864)* et l'ami de Johann Heinrich Egli (1742-1810)*. Dès 1774, il donne des cours de piano à Zurich tout en participant, en tant que violoncelliste, au *Musikkollegium auf dem Musiksaal*. Walder était proche des idées de Lavater*. Il a également exercé une activité politique en tant que membre du Gouvernement, en 1799. Il sera même président d'un tribunal de district entre 1807 et 1814. Auprès d'Egli et fidèle à l'idéal de Nägeli*, Walder a trouvé l'équilibre entre le chant choral et l'École du *Lied* telle que les Berlinois la concevaient. Il est essentiellement un auteur de *Lieder*.

GEORGE JAMES WEBB (Salisbury, Wiltshire, 24 juin 1803 – Orange, New Jersey, 7 octobre 1887). Éducateur, éditeur et compositeur américain de naissance anglaise. Après avoir émigré à Boston, il est nommé organiste de la *Old South Church*. Webb sera très actif au sein de la vie musicale de sa ville d'accueil. Il travaille étroitement avec Lowell Mason (1792-1872)*, enseigne à la Boston Academy of Music, dirige la Handel and Haydn Society, co-édite de nombreux périodiques et autres collections chorales.

201

JOHANN JAKOB WEHRLI (Eschikofen [auj. Hüttlingen], Thurgovie, 6 novembre 1790 – Andwil, Thurgovie, 15 mars 1855). Instituteur Suisse. Entre 1810 et 1833, il enseigne à l'école pour indigents de l'Institut de Philipp Emanuel von Fellenberg à Hofwil, dans le Canton de Berne. Il est ensuite nommé premier directeur de l'École normale de Kreuzlingen par le Conseil d'Éducation thurgovien. En 1839, il créera une école agricole pour garçons. Son Institut d'Éducation privé de Guggenbühl, fondé en 1853, concrétise l'idée de Pestalozzi lors de sa tentative du *Neuhof*.

GUILLAUME LOUIS BOCQUILLON WILHEM (Paris, 18 décembre 1781 – Chaillot, Paris, 26 avril 1842). Compositeur, pédagogue et philanthrope français. En 1819, il est chargé de créer des cours de musique dans les écoles de la ville de Paris. C'est alors qu'il utilise son fameux traité connu sous le nom de « Méthode Wilhem ». Deux ans plus tard, il publiera sa méthode d'enseignement sous le titre « Guide de la Méthode élémentaire et analytique de musique et de chant adoptée par la Société d'instruction élémentaire, ou Instruction propre à diriger le professeur ou le moniteur général de chant dans l'emploi des tableaux de la méthode ». L'Anglais John Pyke Hullah* s'en inspirera.

EDGAR WILLEMS (Lanaken, province de Limbourg, Belgique, 13 octobre 1890 – 18 juin 1978). Pédagogue belge de la musique. Sa réflexion en ce domaine constitue l'aboutissement de l'*Anschauung* pestalozzienne par sa longue expérience. Il est, notamment, l'auteur de *Les bases psychologiques de l'Éducation musicale* (Paris, 1956).

REVEREND WILLIAM CHANNING WOODBRIDGE (Medford, Connecticut, 18 décembre 1794 – Boston, 9 novembre 1845). Géographe et pédagogue américain. Il a effectué de nombreux voyages en Europe entre 1824 et 1829 au cours desquels il fut impressionné par le chant des enfants des écoles en Suisse et dans les villes allemandes, contrairement à ce que pensait l'opinion courante, conventionnelle, de son pays. C'est ainsi qu'il a découvert la pensée pédagogique de Pestalozzi. Dès son retour en Amérique, il s'est employé à éduquer un groupe d'enfants à partir des principes pestalozziens. Ceci à l'aide de Lowell Mason (1792-1872)*, plus compétent que lui dans le domaine musical.

JOHANN RUDOLF WYSS (Berne, 4 mars 1782 – 21 mars 1830). Écrivain, pasteur et professeur de philosophie suisse. Après ses études à Berne, Tübingen, Göttingen et Halle et un préceptorat à Yverdon, Wyss a été nommé professeur à l'Académie de Berne en 1805. Il est aussi l'auteur du texte pour le premier hymne national suisse *Rufst du mein Vaterland*, en 1811. Six ans plus tard, il publiera son « Voyage dans l'Oberland bernois » (*Reise in das Berner Oberland*).

CARL AUGUST ZELLER (Schloss Hohenentringen, Tübingen, 15 août 1774 – Stuttgart, 23 mars 1840). Pédagogue allemand. Proche des idées de Pestalozzi dont il a été l'élève à Burgdorf [Berthoud], il publie en 1810 un *Musikalisches Schulgesangbuch* qui sera une source d'inspiration pour le *Singing Book* (1846) de James Turle (1802-1882)* et Edward Taylor (1784-1863)*. Dès 1809, Zeller avait été chargé d'organiser le système éducatif du Royaume de Prusse.

CARL FRIEDRICH ZELTER (Berlin, 11 décembre 1758 – Berlin, 15 mai 1832). Compositeur, chef de chœur et professeur allemand. Entre 1800 et 1832, il est à la tête, à Berlin, de la fameuse *Sing-Akademie*. Sous sa direction, elle est devenue un modèle élitiste, libéral, pour l'exécution de la musique sacrée. Son répertoire comprenait aussi bien la polyphonie des XVIe et XVIIe siècles que la musique de son propre temps. Dans le même esprit, Zelter a fondé le patriotique *Liedertafel* ou chœur d'hommes. En 1809, il est nommé professeur de musique à l'Akademie der Künste de sa ville natale. Proche de Goethe, il semble s'être méfié de Beethoven avec lequel il aura, néanmoins, des relations contrastées.

HULDRYCH ZWINGLI (Wildhaus, Toggenburg, 1er janvier 1484 – Kappel am Albis, 11 octobre 1531). Réformateur suisse. Comparé à Martin Luther (1483-1546)*, le Réformateur de Zurich apparaît, dès l'abord, comme intolérant en ce qui concerne la place de la musique au sein du *Gottesdienst*. Pourtant, il ne rejette pas, purement et simplement, l'art des sons ; il n'adopte pas non plus l'attitude ambiguë de Jean Calvin (1509-1564) en la matière. Jeune garçon, Huldrych était doté d'une belle voix. Son apprentissage musical a été complet et savant. Il maîtrise de nombreux instruments ainsi que la composition musicale et poétique. Néanmoins, la musique constituera un obstacle théologique alors qu'il privilégiera une musique séculière. En réalité, Zwingli souligne la dimension esthétique du langage musical et en fait un élément foncièrement mondain *(munda-nus)*. Il s'oppose à toute fonction religieuse de cet art – monodique ou polyphonique – et n'accepte pas, contrairement à Luther, les notions de *psallere*, de *iubilus*, à savoir ce qui concerne l'élévation des âmes par la musique.

Bibliographie

Œuvres de Pestalozzi traduites en français

PESTALOZZI, Johann Heinrich (1797, 1994). *Mes recherches sur la marche de la nature dans l'évolution du genre humain.* Lausanne : Payot.

PESTALOZZI, Johann Heinrich (1799, 1985). *Lettre de Stans.* Yverdon-les-Bains : Éditions du Centre de documentation et recherche Pestalozzi.

PESTALOZZI, Johann Heinrich (1801, 1985). *Comment Gertrude instruit ses enfants.* Albeuve : Éditions Castella.

PESTALOZZI, Johann Heinrich (1805, 2008). *Intellect cœur dans la Méthode.* In *Écrits sur la Méthode I*, p. 81-102. Le Mont-sur-Lausanne : LEP.

PESTALOZZI, Johann Heinrich (1810, 2011). *Le Rapport Girard.* In *Écrits sur la Méthode IV*, p. 203-337. Le Mont-sur-Lausanne : LEP.

PESTALOZZI, Johann Heinrich (1898). *Letters on early education addressed to J. P. Greaves, esq.* Syracuse, N. Y. : C. W. Bardeen Publisher.

Études

ALLEN, Warren Dwight (1962). *Philosophies of Music History. A Study of General Histories of Music 1600-1960.* New York : Dover.

ANDERSON, Warren D. (1968). *Ethos and Education in Greek Music.* Cambridge, Massachusetts : Harvard University Press.

ANSERMET, Ernest (1961, 1989). *Les fondements de la musique dans la conscience humaine.* Paris : Robert Laffont.

ANSERMET, Ernest (1971). *Écrits sur la musique.* Neuchâtel : À la Baconnière.

ASPER, Ulrich (1994). *Hans Georg Nägeli : Réflexions sur le chœur populaire, l'éducation artistique et la musique d'église*. Baden-Baden : Valentin Koerner.

BEETHOVEN, Ludwig van (2010). *L'intégrale de la correspondance 1787-1827*. Arles : Actes Sud.

BERDIAEFF, Nicolas (1943). *Esprit et Réalité*. Paris : Aubier.

BIBER, George Edward (1831). *Henry Pestalozzi, and his Plan of Education*. London : John Souter.

BLOCK, Johannes (2002). *Verstehen durch Musik : Das gesungene Wort in der Theologie*. Tübingen und Basel : francke verlag.

BLUME, Friedrich (1965). *Geschichte der evangelischen Kirchenmusik*. Kassel : Bärenreiter.

BUDRY, Paul (sous la dir. de) (1932). *La Suisse qui chante*. Lausanne : Éditions R. Freudweiler-Spiro.

BURDET, Jacques (1939). « Une société de chant à Lausanne au XVIIIe siècle », p. 299-315. In *Revue historique vaudoise*.

BURDET, Jacques (1946). *Les origines du chant choral dans le canton de Vaud*. Lausanne : Association vaudoise des directeurs de chant.

BURDET, Jacques (1971). *La musique dans le canton de Vaud au XIXe siècle*. Lausanne : Payot.

CELIBIDACHE, Sergiu (2012). *La musique n'est rien. Textes et entretiens pour une phénoménologie de la musique*. Arles : Actes Sud.

CHALMEL, Loïc (2012). *Pestalozzi : entre école populaire et éducation domestique. Le prince des pédagogues, son fils et Mulhouse*. Paris : L'Harmattan.

CHAVANNES, Daniel-Alexandre (1805*). Exposé de la méthode élémentaire de H. Pestalozzi, Suivi d'une Notice sur les travaux de cet Homme célèbre, son Institut et ses principaux Collaborateurs*. Paris : Levrault Schœll.

CHERBULIEZ, Antoine-Élisée (1944). *Geschichte der Musikpädagogik in der Schweiz*. Schweizerischer Musikpädagogischer Verband.

COMÉNIUS (1632, 2002). *La grande didactique ou l'art universel de tout enseigner à tous*. Paris : Klincksieck.

CORNAZ-BESSON, Jacqueline (1987). *Qui êtes-vous, monsieur Pestalozzi ?* Yverdon-les-Bains : Éditions de la Thièle.

COUSIN-DESJOBERT, Jacqueline (2003). *La théorie et la pratique d'un éducateur élisabéthain Richard Mulcaster c. 1531-1611.* Paris : Éditions SPM.

COX, Gordon, PLUMMERIDGE, Charles (2010). *Bernarr Rainbow on Music.* Woodbridge : The Boydell Press.

COX, Gordon, STEVENS, Robin (sous la dir. de) (2010). *The Origins and Foundations of Music Education : Cross-Cultural Historical Studies of Music in Compulsory Schooling.* London, New York : Continuum Studies in Educational Research.

DIEL, Paul (1952). *Le symbolisme dans la mythologie grecque.* Paris : Payot.

DIEL, Paul (1961). *Les principes de l'éducation et de la rééducation fondés sur l'étude des motivations intimes.* Neuchâtel : Delachaux & Niestlé.

DIEL, Paul (1962). *Psychologie de la motivation.* Paris : Presses Universitaires de France.

DIEL, Paul (1971). *La divinité. Le symbole et sa signification.* Paris : Payot.

DIEL, Paul (1973). *La peur et l'angoisse.* Paris : Payot.

DIEL, Paul (1988). « Psychologie et Art », p. 7-40. In *Revue de la Psychologie de la Motivation*, n° 6. Paris : Cercle d'études Paul Diel.

DUCHEZ, Marie-Élisabeth (1974). *Principe de la Mélodie et Origine des Langues. Un brouillon inédit de Jean-Jacques Rousseau sur l'origine de la mélodie*, p. 33-86. Paris : Société Française de Musicologie, Heugel et Cie.

EFLAND, Arthur (1983). « Art and Music in the Pestalozzian Tradition », p. 165-178. In *Journal of Research in Music Education.*

ELLIS, Howard (1955). « Lowell Mason and the 'Manual of the Boston Academy of Music' », p. 3-10. In *Journal of Research in Music Education.*

FUBINI, Enrico (1983). *Les philosophes et la musique.* Paris : Librairie Honoré Champion.

GARO, Édouard (1985). *L'enseignement et la musique à l'école selon Pestalozzi*, p. 1-38. In *Pestalozzi, l'enfant et la musique.* Yverdon-les-Bains : Éditions du Centre de documentation et recherche Pestalozzi.

GARRATT, James (2010). *Music, Culture and Social Reform in the Age of Wagner*. Cambridge : Cambridge University Press.

GRAMIT, David (2002). *Cultivating Music. The Aspirations, Interests, and Limits of German Musical Culture, 1770-1848*. Berkeley : University of California Press.

GUILLAUME, James (1890). *Pestalozzi, étude biographique*. Paris : Hachette.

GUSDORF, Georges (1993). *Le romantisme*. Paris : Payot.

HANSLICK, Édouard (2005). *Du Beau dans la musique. Essai de réforme de l'esthétique musicale*. Villiers-sur-Marne : Phénix Éditions.

HÉRAULT, Claude (2008). *Le Sens de la vie : une illusion ?* Paris : Publibook.

HÉRISSON, F. (1886). *Pestalozzi, élève de J.-J. Rousseau*. Paris : Delagrave.

HICKSON, William Edward (1840). *The Singing Master*. London : Taylor & Walton.

HOLST, Imogen (1962). *Tune*. London : Faber and Faber.

HOUSSAYE, Jean (2010). « Révolution, professionnalisation et formation des maîtres », p. 155-177. In *Éducation et Révolution*. Le Mont-sur-Lausanne : LEP.

HUTIN, Serge (1960). *Les disciples anglais de Jacob Böhme*. Paris : Denoël.

JATON, Anne-Marie (1988). *Jean Gaspard Lavater*. Lucerne, Lausanne : Éditions René Coeckelberghs.

JOHN, Robert W. (1960). « Elam Ives and the Pestalozzian Philosophy of Music », p. 45-50. In *Journal of Research in Music Education*.

JOHNSON, Artemas Nixon (1855). *Harmony, upon the Pestalozzian or inductive system ; teaching musical composition and art of Extemporizing Interludes and Voluntaries*. Boston : Oliver Diston and Company.

JULLIEN, Marc-Antoine (1812). *Esprit de la méthode d'éducation de Pestalozzi suivie et pratiquée dans l'institut d'Yverdon, en Suisse*. Milan : Imprimerie royale.

KEENE, James A. (1987). *A History of Music Education in the United States*. Hanover and London : University Press of New England.

KOPP, Peter F., TRACHSLER, Beat, FLÜELER, Niklaus (1983). *La Suisse aux Couleurs d'autrefois*. Lausanne : Éditions 24 heures.

KOYRÉ, Alexandre (1979). *La philosophie de Jacob Boehme*. Paris : Vrin.

KRÜSI, Hermann (1875). *Pestalozzi : His Life, Work, and Influence*. Cincinnati, New York : Wilson, Hinkle & Co. ·

LATHAM, J. E. M. (1999). *Search for a New Eden. James Pierrepont Greaves (1777-1842) : The Sacred Socialist and His Folowers*. Londres : Associated University Press.

LOHMANN, Johannes (1989). *Mousiké et Logos. Contributions à la philosophie et à la théorie musicale grecques*. Mauvezin : Trans-Europ-Repress.

LYON, James (2005). *Johann Sebastian Bach : Chorals. Sources hymnologiques des mélodies, des textes et des théologies*. Paris : Beauchesne.

LYON, James (2007). *Le cantus firmus et l'enseignement selon Johann Heinrich Pestalozzi (1746-1827), Hans Georg Nägeli (1773-1836) et Philipp Friedrich Silcher (1789-1860)*, p. 115-128. In Itinéraires du Cantus Firmus VIII. Paris : Presses de l'Université Paris-Sorbonne.

LYON, James (2011). *Leoš Janáček, Jean Sibelius, Ralph Vaughan Williams. Un cheminement commun vers les sources*. Paris : Beauchesne.

MAGNANI, Luigi (1971). *Les carnets de conversation de Beethoven*. Neuchâtel : À la Baconnière.

MARTIN, William (1966). *Histoire de la Suisse*. Lausanne : Payot.

McGUIRE, Charles Edward (2009). *Music and Victorian Philanthropy. The Tonic Solo-fa Movement*. Cambridge : Cambridge University Press.

MÉTRAUX, Guy Serge (1984). *Le Ranz des Vaches*. Lausanne : Éditions 24 heures.

MEYLAN, Henri (sous la dir. de) (1973). *L'Histoire vaudoise*. In *Encyclopédie illustrée du Pays de Vaud*. Lausanne : Éditions 24 heures.

MIERSEMANN, Wolfgang, BUSCH, Gudrun (Éd.) (2002). *Pietismus und Liedkultur*. Tübingen : Verlag der Franckeschen Stiftungen Halle im Max Niemeyer Verlag.

MOUTSOPOULOS, Evanghélos (1975). *La philosophie de la musique dans la dramaturgie antique. Formation et structure*. Athènes : Hermès, 1975.

NÄGELI, Hans Georg (1826). *Vorlesungen über Musik mit Berücksichtigung der Dilettanten*. Stuttgart und Tübingen : Cotta.

NEF, Albert (1908). *Das Lied in der deutschen Schweiz im letzten drittel des 18. und am Anfang des 19. Jahrhunderts*. Berlin : G. Schade.

NEF, Karl (1898). *Ferdinand Fürchtegott Huber : Ein Lebensbild*. St Gallen : Fehr'sche Buchhandlung.

PARRY, Charles Hubert Hastings (1896, 1931). *The Evolution of the Art of Music*. London : Kegan Paul, Trench, Trubner & Co. Ltd.

PERROCHON, Henri (1966). *De Rousseau à Ramuz*. Bienne : Éditions du Panorama.

PRADINES, Maurice (1946). *Traité de psychologie générale*. Paris : Presses Universitaires de France.

RAINBOW, Bernarr (1967, 1991). *The Land without Music. Musical Education in England 1800-1860 & its Continental Antecedents*. Londres : Novello.

RAINBOW, Bernarr (1970). *The Choral Revival in the Anglican Church 1839-1872*. London : Barrie & Jenkins.

RAINBOW, Bernarr (1989). *Music in Educational Thought and Practice*. Aberystwyth : Boethius Press.

RAINBOW, Bernarr (1992, 2009). *Four Centuries of Music Teaching Manuals 1518-1932*. Woodbridge : The Boydell Press.

RAMSAUER, Johannes, CORNAZ-BESSON, Jacqueline (1994). *Dans l'amitié de Pestalozzi (Im Bannkreis Pestalozzis)*. Yverdon-les-Bains : Éditions du Centre de documentation et recherche Pestalozzi.

REYMOND, Claude (sous la dir. de) (1978). *Les Arts de 1800 à nos jours*. In *Encyclopédie illustrée du Pays de Vaud*. Lausanne : Éditions 24 heures.

ROUGEMONT, Denis de (1989, 2002). *La Suisse ou l'histoire d'un peuple heureux*. Lausanne : L'Âge d'Homme.

ROUSSEAU, Jean-Jacques (1782). *Dictionnaire de Musique*. Genève.

ROUSSEAU, Jean-Jacques (1969). *Émile ou De l'éducation*. Paris : Gallimard.

ROUSSEAU, Jean-Jacques (1979). *Écrits sur la Musique*. Genève : Stock.

RÜSCH, Walter (1942). *Die Melodie der Alpen. Gedanken über Ferdinand Huber*. Zürich-Zollikon : E. A. Hofmann Verlag.

RUSSELL, Dave (1997). *Popular Music in England, 1840-1914. A social history*. Manchester : Manchester University Press.

SCHELLING, Friedrich Wilhelm Joseph von (1802, 1999). *Philosophie de l'art*. Grenoble : Éditions Jérôme Million.

SCHNYDER VON WARTENSEE, Xaver (1888). *Lebenserinnerungen*. Zürich : Hug.

SCHUH, Willy, EHINGER, Hans, MEYLAN, Pierre, SCHANZLIN, Hans Peter (1964). *Schweizer Musiker-Lexikon. Dictionnaire des musiciens suisses*. Zürich : Atlantis Verlag.

SHERRINGHAM, Marc (2003). *Introduction à la philosophie esthétique*. Paris : Payot.

SIBUÉ, Annick (2010). *Martin Luther et sa réforme de l'enseignement, origine et motivations*. Paris : Éditions EDILIVRE APARIS.

SILBER, Kate (1960). *Pestalozzi. The Man and his Work*. London : Routledge and Kegan Paul.

SOËTARD, Michel (1981). *Pestalozzi ou la naissance de l'éducateur. Étude sur l'évolution de la pensée et de l'action du pédagogue suisse (1746-1827)*. Berne : Éditions Peter Lang.

SOËTARD, Michel (1985). *L'évolution de la place et du rôle du chant dans l'œuvre de Pestalozzi*, p. 44-47. In *Pestalozzi, l'enfant et la musique*. Yverdon-les-Bains : Éditions du Centre de documentation et recherche Pestalozzi.

SOËTARD, Michel (1987). *Pestalozzi*. Lucerne, Lausanne : Éditions René Coeckelberghs.

SOËTARD, Michel (1988). *Rousseau*. Genève, Lucerne : Éditions René Coeckelberghs

SOËTARD, Michel (1990). *Friedrich Fröbel. Pédagogie et vie*. Paris : Armand Colin.

SOËTARD, Michel (2010). « De Oui ou non ? à la Méthode : politique et pédagogie chez Pestalozzi », p. 33-44. In *Éducation et Révolution*. Le Mont-sur-Lausanne : LEP.

SOËTARD, Michel (2012). *Jean-Jacques Rousseau. Leben und Werk*. München : Verlag C. H. Beck.

STAEHELIN, Martin (1982). *Hans Georg Nägeli und Ludwig van Beethoven. Der Zürcher Musiker, Musikverleger und Musikschriftsteller in seinen Beziehungen zu dem großen Komponisten*. Zürich : Musik Hug Verlage.

SYNGE, John Henry (1815). *A Biographical Sketch of the Struggles of Pestalozzi to Establish his system of Education, Compiled and Translated Chiefly from his own Works, by an Irish Traveller*. Dublin :

TARASTI, Eero (2006). *La musique et les signes. Précis de sémiotique musicale*. Paris : L'Harmattan.

TARENNE, George (1813). *Recherches sur les Ranz des Vaches, ou sur les chansons pastorales des bergers de la Suisse*. Paris : F. Louis.

TIRZI, Alain (2003). *Kant et la Musique*. Paris : L'Harmattan.

TRÖHLER, Daniel (2008). *Johann Heinrich Pestalozzi*. Bern : Haupt Verlag.

TRÖHLER, Daniel (2011). *La Méthode de Pestalozzi, ses évaluations officielles et l'opinion publique européenne*. In *Écrits sur la Méthode IV*, p. 7-19. Le Mont-sur-Lausanne : LEP.

THÜLER, Margrit (sous la dir. de) (1997). *Les Alpes en fête*. Zurich : Presse Migros.

VILLIGER, Edwin (1992). « L'enseignement de la musique dans les écoles », p. 1391-1402. In *Les Suisses, modes de vie, traditions, mentalités*. Lausanne : Payot.

WALTER, François (2010). *Histoire de la Suisse. Le temps des révolutions (1750-1830)*. Neuchâtel : Éditions Alphil, Presses universitaires suisses.

WARRACK, John (1987). *Carl Maria von Weber*. Paris : Fayard.

WILLEMS, Edgar (1954). *Le Rythme musical. Rythme – Rythmique – Métrique*. Paris : Presses Universitaires de France.

WILLEMS, Edgar (1956). *Les bases psychologiques de l'Éducation musicale*. Paris : Presses Universitaires de France.

WIORA, Walter (1949). *Zur Frühgeschichte der Musik in den Alpen-ländern*. Basel : G. Krebs.

WIORA, Walter (1961). *Les quatre âges de la musique*. Paris : Payot.

Index

Voir passages cochés aux pages =
27 - 29 - 30 - 39 - 40 - 45 . 46 - 48 . (Suppression
e l'enseignement du chant par Robespierre.
comme de la musique) - 50 - 53 - 55 - 62 - 67 -
6 - 78 - 81 - 83 - 84 - 90 - 92 - 96 - 98 - 102 - 104 - 108 -
11 - 112 (sur la mélodie) + 114 - 117 - 119 - 120 - ̅
26 - 128 - 132 - 136 - 140 - 143 - 146 - 149 - 150 -
58 - 160 -

Achevé d'imprimer en France
Protection IDDN